LA FAMILIA MAFIOSA GAMBINO

La Historia Completa de Una Organización Criminal de Nueva York

TABLA DE CONTENIDO

INTRODUCCIÓN

La historia de la Mafia cuenta con más de un siglo de antigüedad, pero sus primeros tiempos estuvieron impregnados de misterio y rumores de todo tipo. Estas figuras clandestinas estaban tan alejadas de la vida cotidiana de la mayoría de la gente, que sólo comenzaron a formar parte de su mundo cuando fueron retratadas en el cine o en distintas obras de ficción. Los libros y las películas se convirtieron en leyendas sobre los gánsteres y la vida de la mafia, mientras que en las calles de Nueva York y otras grandes ciudades de los Estados Unidos (y también allá por Italia), la Mafia era una organización importante que usaba la extorsión y otras actividades criminales para financiar sus operaciones.

La vida violenta y sangrienta de los gánsteres y mafiosos estaba regida por un código de moral y reglas particulares, y esto parecía hacerlos más interesantes para el público. Se les llegó a elevar a un estado superior de reconocimiento, en comparación con los delincuentes comunes, y en ocasiones hasta les fueron otorgados títulos de héroes populares. ¿Sería que la vida era tan mundana que los criminales violentos fueron una oportunidad de aportar una pizca de emoción a la vida cotidiana? Recuerda cómo era la vida en ese entonces. Dos guerras mundiales y la Gran Depresión formaron una sociedad que debió de acoger con satisfacción las historias de hombres corrientes que surgían de humildes orígenes y alcanzaban el éxito, aunque lo hicieran a través del crimen.

A medida que la sociedad evolucionaba, también lo hacía la Mafia, especialmente la familia Gambino. Parecían tener un instinto de supervivencia innato que les mantuvo al frente de la *Cosa Nostra* y les aseguró salir victoriosos incluso en los tiempos más oscuros. Sus líderes han sido materia de leyendas, y siguen formando parte de la familia más pintoresca de la tradición mafiosa. Puede que Al Capone dominara los titulares de la época, pero no era ni un "hombre rico" ni un siciliano, por lo que no se le consideraba parte de la élite, lo que puede explicar por qué se trasladó de Nueva York a Chicago. Bienvenido al mundo de la Mafia y de la familia Gambino, el corazón mismo del crimen organizado.

CAPÍTULO 1

LA HISTORIA DE LAS PANDILLAS DE NUEVA YORK

En los últimos diez años del siglo XIX y la primera década del XX, más de dos millones y medio de italianos emigraron a los Estados Unidos. La posibilidad de mejores salarios y trabajo estable les sedujo, la mayoría de ellos procedía de una zona del sur de Italia donde la mitad de la población adulta dependía de trabajos agrícolas, mal pagados y con ingresos irregulares, en función de las estaciones y las cosechas. Estados Unidos era la tierra prometida, y acudieron en masa para cubrir la necesidad de mano de obra no especializada. Esperaban beneficiarse de la riqueza y las oportunidades que ofrecía América y formar parte de esta nueva economía emergente.

Por desgracia, la mayoría de los inmigrantes sabían poco sobre cómo viajar hasta allí y no tenían contactos que les ayudaran a instalarse o a encontrar trabajo. Un grupo emprendedor de hombres italianos, conocidos por el término "*padrones*", formaron sistemas de contratación de mano de obra para ayudar a los inmigrantes. Estos padrones aparentemente serviciales cobraban a los inmigrantes por sus servicios, con la promesa de que les conseguirían trabajos bien pagados y un alojamiento decente, una vez que desembarcaran en las costas estadounidenses.

A los recién llegados a Estados Unidos se les enseñaba lo que debían decir al control de inmigración para asegurarse un lugar en el nuevo mundo, y se les advertía que no confiaran en nadie salvo en sus compatriotas. Los estadounidenses, según ellos, no eran de fiar, y se instruyó a los inmigrantes para que se ciñeran a su historia y sólo escucharan al *padrone*. Una vez llegados a América, los inmigrantes eran hacinados en alojamientos estrechos e insalubres y se les decía que debían viajar de ciudad en ciudad en busca de trabajo.

La vida era dura, y los padrones actuaban como intermediarios entre los recién llegados y los empresarios que los necesitaban. Conseguían trabajadores a bajo precio, para luego alquilarlos a los contratistas a un precio mucho mayor. Como los italianos a menudo hablaban poco inglés y desconfiaban de los estadounidenses, no podían darse cuenta en qué medida los padrones se beneficiaban de su mano de obra. Los padrones eran responsables de los alquileres altamente inflados y de las provisiones sobrevaloradas que les suministraban. También actuaban como banqueros de los emigrantes y les cobraban altas tasas para garantizar que su dinero se mantuviera guardado en un lugar seguro.

Nueva York fue uno de los principales centros de inmigrantes, y los alquileres que cobraban eran a menudo la mitad del salario de un trabajador no calificado. Las zonas en las que se asentaron eran calificadas como barrios marginales, y una de las más notorias fue *Mulberry Bend*, en la zona de *Five Points* del Bajo Manhattan, donde actualmente se encuentra el Barrio Chino. Esta zona está intrínsecamente asociada a la historia italoamericana y fue un escenario muy destacado en la historia de las pandillas de Nueva York.

Es difícil imaginar cómo era vivir en esta zona, pero los italianos la hicieron lo más cómoda posible. Los periodistas de la época escribieron sobre la falta de división, entre trabajadores no especializados que vivían junto a trabajadores profesionales y calificados. Algunas familias vivían en la más absoluta miseria, con tres o cuatro familias compartiendo el mismo espacio, mientras que otras viviendas eran muy luminosas y estaban bien cuidadas. Se describía como una pobreza pulcra y elegante, conviviendo junto a cuevas miserables de una sola habitación en las que vivían varias familias. Los residentes llegaron a decir a la prensa que un solo edificio albergaba miles de almas.

La Mano Negra

Teniendo en cuenta las condiciones en que vivían los emigrantes, era casi inevitable que el crimen se convirtiera en una forma de escapar de la pobreza y de la miseria de la zona ahora conocida como *"Pequeña Italia"*. Se habían promulgados leyes que debilitaron el poder de los padrones, pero estos aún no habían desaparecido. Seguían siendo una parte importante de la comunidad italiana como banqueros y agentes de empleo. Siguieron colaborando con los contratistas estadounidenses, que prosperaban gracias al suministro de mano de obra italiana barata.

En 1903, uno de estos contratistas, Nicola Cappiello, que residía en Brooklyn, recibió una carta en la que se le exigían mil dólares. Se le dijo que, si no pagaba esa cantidad, dinamitarían su casa y matarían a su familia. La carta estaba firmada por *Mano Nera*, que se traduce como la Mano Negra, e iba adornada con el símbolo de una mano negra dibujada burdamente en una esquina. Este fue el primer caso registrado en que se utilizó este término. Y continuaría aplicándose al periodo de violencia y extorsión que dominó los barrios italianos durante los siguientes diez años.

El origen exacto del nombre es objeto de debate, pero algunos historiadores creen que surgió a partir de una obra que había recorrido los teatros estadounidenses el año anterior. En la obra, los miembros de una sociedad secreta asesinaban a sus víctimas y dejaban una simbólica Mano Negra en sus cuerpos. Para dar publicidad al espectáculo, los empleados de los teatros en los que se había programado la obra recibían notas por correo en las que se les decía "Cuidado con la Mano Negra", lo que hizo que una oficinista huyera del edificio, pensando que estaba siendo amenazada por una fuerza desconocida.

Tras los informes de prensa sobre la carta de la Mano Negra a Cappiello, los casos de amenazas y cartas de extorsión aumentaron, y la prensa aprovechó al máximo el sensacional aumento de la violencia y la delincuencia en los distritos italianos. Ofrecían explicaciones diversas sobre quién estaba detrás del fenómeno y a menudo se referían a la Mafia siciliana o a fuerzas aún más atroces. Las comunidades italianas de Nueva York y Chicago fueron los grupos más atacados por las amenazas de la Mano Negra, pero también hubo informes de otras partes del país. Los delitos de Nueva York eran tan impactantes comparados con los de otras regiones que aparecían regularmente en la prensa y creaban titulares tan sensacionalistas que atrajeron la atención del consulado italiano.

Realizaron su propia investigación y descubrieron que sólo un caso de los treinta denominados delitos de la Mano Negra había sido auténtico. Las acusaciones formaban parte de una conspiración de la prensa para presentar a los inmigrantes italianos como violentos y fuera de control.

Sin embargo, en 1908, el número de casos auténticos de la Mano Negra había aumentado a cuatrocientos veinticuatro, lo que resultó en cuarenta y cuatro explosiones de bombas. Apenas cinco años después, esta cifra había aumentado a cien en los siete primeros meses de 1913, y la policía luchaba por hacer frente al volumen de casos. El Departamento de Policía de Nueva York que atravesaba por ese entonces dificultades, solo contaba con cuarenta agentes que hablaran inglés e italiano, y solo cuatro dominaban el dialecto siciliano preferido por los delincuentes de la Mano Negra.

Durante los doce años de existencia de la Sociedad de la Mano Negra, nadie descubrió nunca quién fundó el movimiento, quiénes llevaron a cabo los atentados, ni quién fue el cerebro que dirigió las operaciones. Se habían convertido en parte del folclore y, con el tiempo, pasaron a formar parte de la organización conocida como la Mafia, que se convirtió en un término general para los italianos que infringían la ley. Algunos expertos creen que la sociedad de la Mano Negra era un término que se utilizaba para englobar todas las actividades llevadas a cabo por los forajidos italianos y los dispersos transgresores de la ley para dar a la prensa una historia más sustanciosa con titulares más sensacionalistas. Cualquier individuo al que se encontrara infringiendo la ley sólo tenía que anunciarse como miembro de la Mano Negra para que se le asociara con el prestigio de una organización supuestamente responsable de decenas de miles de individuos.

Mientras tanto, el jefe de jefes, Guiseppe Morello, vio una forma de beneficiarse de la notoriedad de las cartas de extorsión de la Mano Negra y ofreció un servicio a los italianos ricos que recibían sus misivas. Actuaría como intermediario entre la organización y sus adineradas víctimas y, al parecer, habría ganado más dinero como intermediario que si hubiera escrito las cartas él mismo. Su médico de cabecera le ofreció tratamiento gratuito de por vida si garantizaba su seguridad tras recibir una carta amenazadora. Asimismo, surgieron rumores de que el jefe de la mafia también extorsionaba en secreto a su propio abogado para asegurarse unos honorarios legales más bajos.

Se habrían despertado sospechas sobre la conexión de Morello con las cartas ya que a menudo eran entregadas a la víctima cuando éste "casualmente se encontraba en el mismo lugar a la misma hora", por lo que estaba presente para registrar la conmoción y el miedo que mostraba la víctima y se apresuraba a ofrecer su ayuda. La víctima conocía perfectamente las conexiones de los líderes de la mafia y veía una forma de escapar de la delicada situación en la que se encontraba. Morello les decía entonces que la Mano Negra sólo mataba a sus víctimas cuando no les quedaba más remedio, y que ellos querían dejar claro su punto de vista. Se ofrecía a recuperar la carta, encontrar al hombre que la había escrito y convencerle de que abandonara la extorsión a cambio de una cantidad x de dinero. La víctima pagaba agradecida, y Morello se marchaba con la carta, que nunca le devolvía, pero con los honorarios en el bolsillo. Cuando la víctima recobraba la lucidez y se daba cuenta de que el jefe de la mafia podía haberle engañado, no tenía pruebas que llevar a las autoridades ni forma de demostrar su afirmación. Quizá habría sido una carta de la Mano Negra, y quizá fuera el mismo Morello aprovechándose de su notoriedad, pero nunca lo sabrían.

Cuando la policía hizo una redada en las casas de Morello, encontró cartas dirigidas a las víctimas, supuestamente de la sociedad Mano Negra. Estaban mal escritas y contenían frases que parecían muy "mafiosas", con referencias a personas de honor, besos en la frente bajo pena de muerte que parecían sugerir que el escritor era italiano u el inglés era su segunda lengua.

Aunque el grupo principal conocido como la Sociedad de la Mano Negra nunca fue reivindicado por ningún individuo, algunas personas supuestamente vinculadas a dichos crímenes se convirtieron en destacados miembros de la Mafia. Jack Ignatius Dragna estuvo vinculado a la Mano Negra y se convirtió en el jefe de una familia criminal de Los Ángeles, apodado el "Capone de Los Ángeles" por los miembros de la Mafia y las fuerzas del orden locales. Joe Pinzolo, fue un antiguo Mano Negra y llegó a dirigir la familia del crimen de Nueva York conocida como la Familia Lucchese antes de su muerte en 1930 durante la Guerra Cantalamessa.

La Sociedad de la Mano Blanca

Para 1907, había que hacer algo para reducir las amenazas que planteaba la Mano Negra, aunque nadie sabía quién era el responsable último de su existencia. Tres destacados grupos italianos se unieron y formaron la sociedad Mano Blanca, que pretendía derrotar a la Mano Negra y eliminar la amenaza de la extorsión. Sus esfuerzos duraron poco, y la mayoría de sus líderes fueron perseguidos y se enfrentaron a extorsiones y amenazas de muerte. Se decidió que necesitaban más armamento, y se reclutó a la policía para garantizar la seguridad de una reunión de quinientos voluntarios italianos que se reunieron para crear una nueva organización llamada Asociación de Vigilancia y Protección Italiana. Formó subcomités locales que recopilarían información de sus comunidades y la entregarían a la policía para ayudar en sus investigaciones. El comisario de policía de la época añadió su apoyo con un plan para formar un escuadrón secreto de sus mejores agentes para hacer frente a la amenaza de la Mano Negra, pero el comité de finanzas de la ciudad les negó la financiación. Sin inmutarse, el jefe de la brigada buscó financiación privada y fue nombrado teniente Joseph Petrosino.

La brigada tuvo un éxito moderado, pero en 1909 sufrió una tragedia cuando Petrosino fue asesinado en Sicilia en una misión de investigación. El escuadrón se vio sacudido y, cuando se anunció la noticia, se reveló una grieta en la brigada que ahora sólo contaba con cuatro hombres. Nueva York volvió a experimentar elevados índices de delitos de extorsión y secuestro. En 1913, el número de atentados y la violencia contra las víctimas alcanzaron niveles sin precedentes, y la Mano Negra volvió a dominar los titulares. Las cosas estaban cambiando en Europa y en los EE.UU. a medida que descendían los niveles de inmigración, y el nuevo comisario de policía de Nueva York promulgaba leyes más estrictas contra la extorsión, los índices de delincuencia comenzaban lentamente a descender. La Gran Guerra dominó los titulares, y la amenaza de la

Mano Negra se disipó finalmente tras un reinado de terror de doce años.

¿Existió realmente la Mano Negra como grupo de crimen organizado? Probablemente no. Nadie reivindicó su liderazgo, y sólo un puñado de nombres notorios fueron señalados como pertenecientes a sus filas. Es más probable que el término se usara para encubrir delitos destinados a extraer dinero y favores de los ricos por parte de miembros de la sociedad que por fin se habían hartado de ser explotados por ellos. El miedo y la notoriedad que evocaba el nombre Mano Negra habrían atraído a los italianos que querían formar parte de la Mafia pero que no tenían las conexiones o la influencia necesarias para hacerse notar.

Enviar cartas firmadas con el famoso apodo de Mano Negra debió de parecer una forma sencilla de formar parte de un grupo poderoso sin tener que ganarse su favor ni ascender en las filas. Incluso para la parte más baja de la sociedad, debió de ser una forma tentadora de conseguir dinero fácil. ¿Cometieron los atentados u otros actos violentos vinculados a las amenazas? Puede que sí, puede que no. La industria de la construcción estaba en auge en la ciudad, y muchos habrían tenido acceso a dinamita y a los medios para detonarla y podrían haber estado detrás de los atentados.

Lo cierto es que nunca lo sabremos, pero el hecho más convincente podría ser la falta de un líder con nombre. Los jefes de la mafia italiana y sus subordinados no eran tímidos a la hora de reivindicar sus crímenes, y si la Mano Negra hubiese tenido estructura y liderazgo, los habría reivindicado. A pesar de ello, no se puede discutir que la Mano Negra y los doce años que acaparó titulares, sobre todo en Nueva York, formó parte de los antecedentes de las familias del crimen que reinarían hasta nuestros días.

Los principales hombres de la línea de tiempo de los Gambino

Ignazio Lupo

Una de las figuras más notorias de la historia temprana de las pandillas americanas nació en Palermo, en el seno de una familia de clase media, en 1877. Aunque su familia era respetable, Ignazio Lupo pronto descubrió que tenía un gusto por el crimen y se involucraba regularmente en robos y hurtos menores. A los veintidós años cometió su primer asesinato, cuando se defendió de un ataque con cuchillo de un hombre llamado Salvatore Morelli y lo mató de un disparo. La policía pronto descubrió el nombre del pistolero y presentó cargos por asesinato, pero Ignazio siguió el consejo de su familia y huyó de Italia hacia las costas de Inglaterra. Desembarcó en Liverpool, pero puso sus miras en América y viajó mucho, antes de establecerse en Nueva York en 1898. En su tierra natal, fue condenado, en rebeldía, por el asesinato de Morelli al año siguiente, lo que le aseguró que nunca regresaría a su lugar de nacimiento. Una vez instalado en Nueva York, se unió a un primo y abrió una tienda en el centro de Manhattan. Cuando la tienda prosperó, su padre se unió a ellos y abrieron otra tienda y se hicieron cargo de un bar local. A los 25 años, Ignazio era copropietario de dos tiendas exitosas y de un bar, pero aún no estaba satisfecho. Recurrió a las tácticas que la facción de la Mano Negra utilizaba para aterrorizar a la comunidad de la Pequeña Italia y extorsionar por dinero. A lo largo de su vida, se cree que Lupo fue responsable de más de sesenta asesinatos y de su asociación con dos jefes mafiosos, llamados Nicholas Morello y Ciro Terranova. En 1902, un comerciante local se atrevió a denunciar a Lupo, Morello y Ciro, acusándolos de dirigir una operación de falsificación, pidiendo a la comunidad que se defendiera y denunciara a los mafiosos. La facción no vio con buenos ojos su interferencia, y el hombre conocido como Joe el Comerciante, fue encontrado con heridas horrendas, incluida la garganta cortada de oreja a oreja, metido en una vieja bolsa de patatas. La facción de Lupo envió un mensaje claro a la comunidad local: o se callaban y aceptaban, o sufrirían el mismo destino.

Al año siguiente comenzó una ola de asesinatos que conmocionó incluso a los criminales más curtidos y aumentó aún más la reputación de Lupo y sus socios. En Nueva Orleans, la familia Provenzano gobernaba el distrito italiano y había cometido dos asesinatos en los que habrían dejado los cadáveres en un barril para que los encontrara la policía. La idea debió de haberle atraído a la alianza Lupo. Benedetto Madonia, un albañil local, era un firme opositor al grupo criminal. Se convirtió en la primera víctima de la banda que fue encontrada en un barril de aserrín con su característica garganta cortada y más de veinte puñaladas en el cuerpo.

Varios miembros del grupo criminal fueron llevados para ser interrogados, y algunos fueron detenidos, pero más tarde fueron puestos en libertad por falta de pruebas. Siguieron dominando las calles de Nueva York durante los seis años siguientes, con aún más asesinatos y extorsiones, hasta que finalmente tentaron demasiado a su suerte en 1910. La policía hizo redadas en las casas de Morello y Lupo y encontró pruebas convincentes de falsificación y extorsión. El par de delincuentes fue detenido junto con un grupo de socios, y su juicio comenzó dos semanas después. El jurado tardó apenas una hora y 15 minutos en decidir su destino. Morello y Lupo fueron declarados culpables y condenados a 15 años de prisión y una multa de 500 dólares.

Lupo cumplió su condena en la penitenciaría de Estados Unidos en Atlanta, donde demostró estar lejos de ser un preso modelo. A lo largo de su condena, permaneció entrando y saliendo de la celda de aislamiento y constantemente bajo una dieta restringida como castigo por su comportamiento indisciplinado. Esto incluía escupir a los oficiales correccionales e intentar sobornar al personal para enviar cartas. Estos delitos menores quedaron eclipsados cuando unos reclusos asesinaron al subdirector de la prisión, quien se creía que estaba en la nómina de Lupo. Aunque negó tener conocimiento del crimen, algunos reclusos lo describieron como "a solo seis pies" del asesinato, donde pudo presenciar y disfrutar de la brutal muerte.

Aunque las pruebas apuntaban a su participación, no se presentaron cargos, y Lupo acabó saliendo de la cárcel en 1920 después de que se modificara su condena para incluir el tiempo cumplido. Tras su liberación, Lupo retornó a Italia, pero añoraba su hogar americano. A su regreso, inicialmente le pararon en inmigración, pero logró convencerlos de que era importador de vinos y que sería un ciudadano ejemplar. Aunque se reincorporó a la Mafia e intentó ascender en sus filas, era una sombra de lo que había sido. La comisión recién creada decidió que su reputación de asesino atraía demasiada atención sobre la organización. Por ello, intentaron silenciarle despojándole de su rango y dejándole una solitaria operación de lotería que dirigir.

Lupo no estaba contento y, para recuperar su antigua posición dentro de la mafia, extorsionó a las panaderías locales y las convenció para que se unieran a su nuevo sindicato, una forma burda de etiquetar su estafa de protección. Cuando un panadero se negó a conformarse, Lupo lo asesinó brutalmente y atrajo de nuevo la atención de la ley. En 1935, el presidente Franklin Roosevelt lo declaró una amenaza pública. Fue enviado de nuevo a prisión por incumplir las condiciones de su excarcelación y regresó a la penitenciaría de Atlanta. La prensa local describió su llegada como el regreso del "enemigo público vivo más antiguo de los Estados Unidos" y describió su aspecto como "un terrorista canoso antes conocido como Lupo el Lobo". Cumplió otros diez años y fue liberado en 1946, poco antes de su muerte en 1947, sin ceremonia alguna, como un completo desconocido.

Sin embargo, Lupo estableció una importante conexión con el "primer jefe de la familia Gambino" a través de su asociación con Morello. Salvatore "Toto" D'Aquila, fue el principal responsable del crimen organizado que llegó de Sicilia y se arraigó en Nueva York a principios del siglo XX. Era un delincuente de la vieja escuela, del tipo "Pete el del bigote", que llegó a América habiendo cometido sus primeros asesinatos en Italia.

A los sicilianos más jóvenes que llegaban a América recién bajados del barco se les denominaba como los “Jóvenes Turcos”. Aun así, reconocían que los miembros más veteranos y establecidos de la fraternidad criminal eran contactos importantes. D'Aquila y algunos de estos jóvenes sicilianos se unieron para formar un negocio de importación de quesos con el fin de enmascarar sus actividades en el bajo mundo. Se alió con otro tipo como él, Pete "el del bigote" Morello, y trabajó a su lado como su ayudante y hombre de confianza. Fue detenido dos veces a principios de los 1900, pero todos los cargos fueron luego retirados, lo que indicaba la influencia de Morello. Tras el encarcelamiento de Morello en 1910 junto a Lupo, trascendió que D'Aquila se hizo cargo de la pandilla de Morello, pero se enfrentó a la competencia de otra procedencia. Joe Masseria, era un antiguo capo de Morello y se sentía más capacitado para asumir el liderazgo de la banda.

Sabiendo que le habían derrotado, D'Aquila se apartó de la pandilla de Morello y formó la suya en East Harlem y el Bronx, a la que se unieron miembros leales a la pandilla de Morello, que se convirtieron en sus ayudantes de confianza. D'Aquila también reconoció que era el momento de un cambio, instigando el primer intento de unir a las familias separadas en una unidad organizada y traer orden a las diferentes facciones. Sus esfuerzos fueron recibidos con burla, y su intento de convertirse en el gran jefe de las pandillas italianas fracasó, pero le quedaron muchas operaciones financieramente exitosas.

Cuando Morello salió de la cárcel en 1920, descubrió que la pandilla Morello tenía problemas y carecía de poder. D'Aquila planeó un complot para eliminar a Morello y a sus principales socios, y encargó la tarea a su principal socio, Umberto Valenti. Siguieron dos años en los que Valenti llevó a cabo varios intentos de matar a Morello y a su socio Masseria. Aunque acabó con un par de primos y guardaespaldas, los objetivos principales siguieron eludiéndole. En 1922, Valenti asistió a una reunión con los jefes de las facciones en conflicto para resolver la disputa, pero fue la única persona que se presentó. Mientras esperaba a los demás, se dio cuenta de que era una trampa y trató de huir cuando Lucky Luciano y varios pistoleros aparecieron y lo mataron mientras intentaba subir a un taxi.

Con su principal aliado muerto, D'Aquila sintió el cambio de poder, y no consiguió impedir que sus colaboradores desertaran hacia la pandilla de Masseria y Morello. Aunque era respetado, se convirtió en objeto de un complot de asesinato en el que se prometía a un exsubjefe llamado Al Mineo el liderazgo de la pandilla de D'Aquila si eliminaba al jefe de la organización. D'Aquila salió de su hogar para acudir a una cita médica el 10 de octubre de 1928 y fue abatido a balazos. Posteriormente, Mineo se hizo cargo de la organización que acabó convirtiéndose en la afamada familia criminal Gambino.

CAPÍTULO 2

EL SURGIMIENTO DE LAS PANDILLAS DE NUEVA YORK, EL ASCENSO DE LOS SICILIANOS

Mientras Estados Unidos y el resto del mundo se tambaleaban por los efectos de la Gran Guerra de 1914 a 1918 y la pérdida de vidas sin precedentes, los militares regresaban a casa a un país poco prometedor. En Estados Unidos existía desde hacía décadas un movimiento social conservador, y la prohibición de la venta y el consumo de alcohol obtuvo aún más apoyo del movimiento sufragista y de las congregaciones evangélicas. Creían que el alcohol era la principal causa de que la vida familiar y la sociedad se vieran afectadas por la embriaguez. Los industriales de la época también acogieron favorablemente el movimiento contra el alcohol, pues creían que aumentaría la eficacia de su mano de obra.

En 1917, cuando la guerra aún hacía estragos en Europa, el Congreso de los Estados Unidos aprobó la Decimoctava Enmienda, que declaraba ilegal la producción, el transporte y la venta de alcohol. Dos años más tarde, volvieron a modificar la ley para incluir a más de tres cuartas partes del país y la introdujeron en la Constitución. Ese mismo año se aprobó la Ley Volstead, que hizo que la Prohibición fuera nacional, y la moratoria sobre todos los negocios relacionados con el alcohol se mantuvo durante los trece años siguientes.

Contrabando y crimen organizado

Aunque la Decimoctava Enmienda y la posterior Ley Volstead pretendían mejorar la sociedad y aumentar la productividad, estaban condenadas al fracaso desde el primer día. Los organismos encargados de hacer cumplir la ley creados para acabar con las economías ilegales, denominadas contrabando y bares clandestinos por la gente que los administraba, eran ineficaces y a menudo propensos a la corrupción. Las opciones de destilación del otro lado de la frontera proporcionaron a los primeros contrabandistas oportunidades perfectas para llevar licor extranjero a los puntos de venta estadounidenses.

Las pandillas italianas que antes se habían concentrado en la extorsión y otras formas de delincuencia para llenar sus arcas vieron múltiples formas de ampliar sus negocios con la venta ilegal de licor. Los primeros contrabandistas establecieron contactos en las Bahamas, México y Canadá para que les suministraran aguardiente y lo vendieran en bares ilegales. Los problemas aumentaron cuando estos contrabandistas de ron se dieron cuenta de que había un punto de entrada a sólo cinco kilómetros de Atlantic City que escapaba a la autoridad del gobierno estadounidense.

Los contrabandistas utilizaban embarcaciones registradas en otros países para transportar licor hasta este punto de desembarco y luego cargaban el contenido en embarcaciones de alta potencia creadas especialmente para eludir a los barcos guardacostas asignados a la zona. Durante los primeros años de la Ley Seca, la distribución de alcohol ilegal y la captura de contrabandistas pasaron por muchas etapas. Los guardacostas fueron más exitosos al construir embarcaciones más rápidas y ampliar la zona donde detenían a los barcos. Los contrabandistas se encontraron con un alijo de alcohol no apto para el consumo humano debido a la adición de productos químicos tóxicos. Contrataron a los mejores químicos para que les ayudaran a "lavar" los productos químicos tóxicos del alcohol y venderlo a los antros de consumo ilegal.

Los contrabandistas usaban destilerías ilegales y otros puntos de venta para fabricar sus propias marcas de alcohol espurio y licores a base de maíz para distribuirlos al público. Los responsables de esta distribución de alcohol y la apertura de populares bares clandestinos hicieron que la Prohibición no impidiera que el país siguiera bebiendo. Sin embargo, a finales de los años veinte y principios de los treinta, esto cimentó la importancia del crimen organizado. Llevó a los contrabandistas italianos y a los sindicatos del crimen mafioso a formar lo que se convirtió en "la Pandilla de Nueva York", sinónimo del término "grupo del crimen organizado".

Mientras tanto, en Chicago también se daba una próspera presencia de la Mafia, y Al Capone, Big Jim Colosimo y Johnny Torrio, adquirían notoriedad y riqueza. A ellos se unieron Lucky Luciano, Bugsy Seigel y otros gánsteres destacados, y en 1927 la riqueza de Capone se estimaba en más de 100 millones de dólares.

Las pandillas de Nueva York

De vuelta a la Gran Manzana, un gánster llamado Salvatore Maranzano se estaba ganando la reputación de gánster influyente.

No era el típico jefe de la mafia. Era un mediador para las otras bandas y una influencia tranquilizadora para las facciones italoamericanas, pero tenía sus detractores.

Salvatore Maranzano

Sus primeros años transcurrieron en la ciudad siciliana de Castellammare del Golfo, donde creció en un hogar temeroso de Dios, e inicialmente fue a un colegio religioso para formarse como sacerdote. Sin embargo, pronto se involucró en las actividades mafiosas de la zona. Se casó con una mujer local llamada Elizabetta, hija de un importante jefe de la mafia, y pronto ascendió en las filas de la organización.

Maranzano no era el típico matón. Era inteligente y erudito, y demostró su lealtad al jefe de la mafia siciliana Don Vito Cascio Ferro, quien decidió que el joven y prometedor mafioso debía emigrar a los Estados Unidos y convertirse en la cara de la facción siciliana.

Arribó en los Estados Unidos en 1919 como agente inmobiliario, pero pronto abandonó esa fachada y se dedicó a los chanchullos más asociados con los mafiosos. El alcohol, la extorsión, la prostitución y la protección le brindaron las oportunidades perfectas para convertirse en un nombre bien conocido en Nueva York.

Cuando la Prohibición se convirtió en ley, Maranzano instaló una gran destilería en un suburbio cercano y se convirtió en una parte importante de la banda conocida como los Castellammare. Un grupo rival, dirigido por Joe Masseria, pretendía detener el crecimiento de la banda exigiendo pagos a los líderes del

Castellammare. Al principio, el Don de la banda, Cola Schiro, pagó y continuó con la destilación de alcohol. Presionado para que se defendiera, Schiro acabó en la clandestinidad, y la banda pasó a manos de Vito Bonventre, con Maranzano asumiendo un papel más importante en el grupo.

Los Castellammare estaban listos para la batalla, pero veamos a los principales jugadores que reclutaron para que les ayudaran cuando fueran a la guerra contra Masseria y sus tropas.

Gaspar Milazzo

Tras haber sido un mafioso de alto nivel en Brooklyn, Milazzo era un miembro siciliano muy respetado de la Mafia. Mantuvo sus conexiones después de trasladarse a Detroit y unirse a la población siciliana y a la banda denominada "la Pandilla Púrpura Judía", que dirigía una exitosa operación de contrabando. Era un líder del bajo mundo clandestino siciliano/italiano y respetado por su sentido de la ecuanimidad y la mediación.

Creó una estrecha relación de trabajo con otro líder de la mafia de Detroit, y juntos crearon una unidad criminal cohesiva que contenía a algunos de los miembros de la mafia más influyentes de la zona. Controlaban el contrabando, la prostitución y sus negocios ilegales con muy pocos problemas entre las facciones. Se ganaron una reputación por poner fin a las sangrientas batallas y conflictos de la década anterior. Formaron un frente unido que ofrecía sus fuerzas a la banda de Castellammare siempre que era necesario. El padrino de la mafia de Detroit era un poderoso aliado, y estaba listo para unirse a la guerra.

Joe Aiello

Aunque Al Capone fuera la cara de Chicago, no era siciliano y, por lo tanto, sentía menos parentesco con Maranzano. Cuando el jefe de Castellammare buscó ayuda entre los mafiosos de Chicago, recurrió a un compatriota siciliano, Aiello, que había vivido y trabajado en Nueva York antes de marcharse en 1920 hacia el oeste, más precisamente a Chicago, donde acabó dirigiendo el movimiento del bajo mundo siciliano, para disgusto de Capone.

Durante la Ley Seca, controló la mayoría de los elementos criminales de una zona conocida como la Pequeña Sicilia, por lo que controlaba una gran mayoría de los bares clandestinos y tugurios de la ciudad. Capone se negó a dejarle su territorio y siguió interfiriendo en sus negocios, lo que enfureció a otros altos cargos de la Mafia, que reconocieron que Aiello intentaba controlar sus territorios. El conflicto llegó a un punto crítico en 1929, y cuando intentó mediar, Masseria desde Nueva York, no sólo no resolvió los problemas, sino que ofendió tanto a Aiello que, cuando Maranzano le pidió ayuda contra Masseria, Aiello accedió rápidamente a enviar a sus hombres a luchar junto a él.

Mientras sus hombres luchaban en el conflicto de Castellammare, Capone vio su oportunidad y envió a sus tropas a asesinar a Aiello en la esquina de la avenida Kolmar. Aiello estaba esperando un taxi cuando los pistoleros de Capone vieron su oportunidad y lo asesinaron en octubre de 1930.

Stefano Magaddino

Cuando lees informes históricos sobre organizaciones mafiosas, piensas en grandes ciudades y, a veces, en una mención honorífica a Miami. Sin embargo, una parte ignorada de la historia de la Mafia tuvo lugar en Búfalo, cuya ubicación significaba que los contrabandistas de la Familia del Crimen de Búfalo tenían fácil acceso a las fuentes canadienses de alcohol.

Stefano Magaddino nació en Castellammare Del Golfo en 1891 y emigró a América a los diez años. Vivió con su familia en Brooklyn, donde fue a la escuela, pero pronto se distrajo con las actividades de la mafia neoyorquina, lo que no es sorprendente dadas sus lucrativas oportunidades. Encontró una familia en la organización que le acogió, y pronto se ganó la reputación de ejecutor. El hermano de Magaddino fue asesinado durante una disputa con otra destacada pandilla de Nueva York. Al parecer, Stefano mató al hombre que le disparó, lo que le obligó a huir de la zona para evitar su detención. Se instaló en Búfalo y construyó la fenomenal Familia Criminal hasta convertirla en una asociación próspera y empírica.

Su fachada inicial para sus actividades delictivas fue un próspero negocio funerario que le valió el apodo mafioso de "El enterrador", más que otros motivos más sanguinarios. Magaddino siguió siendo una figura oculta en la organización y rehuyó el protagonismo, a diferencia de algunos de sus homólogos mafiosos, y se concentró en dirigir un negocio exitoso. La organización obtenía vino y licores de Canadá, que luego distribuía al centro de Nueva York y sus alrededores. Entre sus contactos se encontraban algunos de los mafiosos más importantes del país, incluido Maranzano, y su lugar común de nacimiento que compartían, le aseguró su apoyo en la guerra contra Masseria.

Magaddino fue uno de los jefes de la mafia que más tiempo permaneció en el cargo y dirigió con extraordinario éxito negocios ilícitos, así como numerosos negocios legítimos. Al parecer, extendió su territorio hasta abarcar el Viejo Mundo, incluyendo Asia, Europa y otros territorios. Formó parte de la infame Comisión de la Mafia y cumplió condena como su Don. Permaneció en una posición de poder en Búfalo hasta finales de la década de 1960, cuando se registró la casa de su hijo y se encontraron grandes cantidades de dinero escondidas en maletas.

El resto de la Familia del Crimen de Búfalo estaba enojada y vio el dinero en efectivo como ganancias ilícitas desviadas de lo que debería haber sido el dinero de la pandilla, se rebelaron contra el anciano jefe y lo expulsaron del liderazgo. Al año siguiente de la rebelión, Magaddino sufrió un grave ataque al corazón y murió en su casa. Fue enterrado en su lugar favorito, las cataratas del Niágara, donde su tumba permanece hasta hoy.

Una pequeña nota al pie sobre Magaddino: puede que no fuera el mafioso más conocido de la época, pero debe recordársele por su previsión e innovación. Creó uno de los imperios más lucrativos en una zona gravemente subdesarrollada y considerada un páramo en términos americanos. Fue Don de la Mafia durante más tiempo que ningún otro individuo, y llevó su negocio más allá de las fronteras que limitaban a otros mafiosos. Debería ser recordado con el respeto que merece y no ser relegado a la papelera de la historia.

Salvatore Sabella

Otro famoso hijo de Castellammare del Golfo, Sabella nació en 1891 y se inscribió como aprendiz de carnicero en la ciudad a los catorce años. El joven aprendiz mató al carnicero cuando lo sometió a sus violentos arrebatos. Fue condenado a tres años de cárcel en Milán, donde hizo importantes contactos y perfeccionó sus habilidades delictivas. Al salir en libertad, se unió inmediatamente a la mafia siciliana. Fue patrocinado para emigrar a América en 1912 y unirse a D'Aquila y a otros inmigrantes de la zona para formar una organización exitosa.

Siete años después, Sabella había demostrado ser tan prometedor que fue enviado a Filadelfia para formar una rama de la organización y entrenar a futuros jefes de la mafia. Un par de reclutas decidieron que preferían dar órdenes a recibirlas, y organizaron una sublevación de la que se informó rápidamente a Sabella. Los dos disidentes fueron asesinados a tiros en una esquina, lo que situó a Sabella en la mira de la ley por sus asesinatos. Aunque fue absuelto del delito, las autoridades descubrieron su ciudadanía ilegal y lo deportaron a Sicilia en 1927.

Al ver las noticias y los informes sobre la infame guerra de Castelammare, sintió que debía regresar a Nueva York y prestar su apoyo a su compatriota Maranzano. Reclutó a nueve pistoleros para que se unieran a él en la lucha contra Masseria. Tras el final de la guerra, regresó a Filadelfia para dirigir su antigua banda, pero parecía haber perdido su ventaja. A los cuarenta años, tras las sangrientas batallas de la guerra de Castellammare, decidió que era demasiado viejo para tanta violencia y temió por su propia seguridad. Aquel año fue detenido por agresión y, aunque fue absuelto, se retiró del crimen organizado y se trasladó a Norristown, en Pensilvania. En esta zona tranquila pero muy poblada, trabajó como carnicero hasta su muerte por causas naturales en 1962.

Sabella fue uno de los afortunados, que consiguió dejar atrás sus nefastos comienzos y llevar una vida "normal", aunque la ironía de su elección final de profesión es divertida, teniendo en cuenta el crimen que cometió a los catorce años.

La Guerra de Castellammare

Mientras las tensiones crecían y la era de los gánsteres del tipo Pete el del Bigote estaba en declive, había llegado la hora de las resoluciones. Puede que Masseria y Maranzano nacieran en la misma región, pero no creían en compartir el poder que ostentaban. La Mafia estaba desorganizada, con los dos líderes peleándose por el territorio y arriesgándose a que los jóvenes turcos que ascendían en las filas les desafiaran a cambiar sus anticuadas costumbres y a trabajar con no italianos para generar más oportunidades.

Las hostilidades comenzaron en 1930, cuando Masseria ordenó matar a uno de los principales aliados de Maranzano, Gaspar Milazzo. Sin embargo, el joven pistolero de Génova no consiguió su objetivo original. En su lugar, mató a otro miembro de la pandilla, llamado Reina, que formaba parte de una importante familia afincada en Nueva York, lo que los llevó a cambiar de alianzas y unirse a Maranzano y sus hombres. Tras el asesinato de Reina, las tropas de Masseria sufrieron varios golpes con dos asesinatos de destacados miembros de la pandilla.

Sin embargo, la pandilla de Masseria aún no estaba derrotada. Tomaron represalias eliminando a Joe Aiello en las calles de Chicago. Esto pareció ser un asesinato demasiado grave para las tropas de Masseria, y desertaron a la facción de Castellammare, convirtiendo a Maranzano en la fuerza más poderosa. Los dos principales aliados de Masseria negociaron con Maranzano y le dieron su apoyo, a condición de que detuviera la guerra y devolviera la paz a las calles de Nueva York. Se ideó un plan en el que Lucky

Luciano seguiría mostrando su apoyo a Masseria para llevarle a un destino donde le esperaban un grupo de pistoleros, entre ellos Bugsy Siegel y Joe Adonis. La historia cuenta que, durante una partida de cartas en la Villa Tammaro de Brooklyn, Luciano se excusó para ir al baño, y cuatro tiradores irrumpieron en la habitación y abatieron a Masseria a sangre fría.

El conductor de la fuga estaba tan conmocionado por sus acciones que no consiguió arrancar el automóvil y tuvo que ser apartado a empujones por Siegel, que se aseguró de que el grupo se diera a la fuga limpiamente. El informe policial indicaba que Masseria estaba sentado en una mesa con dos o tres desconocidos cuando fue asesinado por varios hombres que le dispararon en la cabeza, la espalda y la zona del pecho. La autopsia reveló que Masseria no había comido y había muerto con el estómago vacío, un hecho que indicaba el nivel de desprecio que había alimentado entre sus antiguos aliados.

Las Cinco Familias

Tras la muerte de Masseria, Maranzano puso fin a la guerra y reestructuró la Mafia en Nueva York. Asignó las zonas de la ciudad a cinco familias encabezadas por un jefe con una serie estructurada de subjefes y otros rangos responsables de cuadrillas de soldados y asociados en espera de convertirse en miembros.

Las cinco familias eran llamadas:

1. La familia Masseria, que se convertiría en la familia Genovese dirigida por Lucky Luciano.

2. La familia Profaci, que se convertiría en la familia Colombo, dirigida por Joseph Profaci.
3. La familia Reina, que se convertiría en la familia Lucchese, dirigida por Thomas Gagliano.
4. La familia Castellammare, que se convertiría en la familia Bonanno, dirigida por Maranzano.
5. La familia D'Aquila/Mineo, que se convertiría en la familia Gambino, dirigida por Frank Scalice.

Aunque las cinco familias se consideraban igual de importantes, Maranzano reunió inmediatamente a los demás jefes en un pueblo del condado de Dutchess, Nueva York, donde se declaró a sí mismo como *il capo di tutti capi*, o el jefe de todos los jefes, lo que no sentó bien a Luciano y a otros jóvenes turcos de la organización.

Los grupos familiares estaban organizados en una estructura piramidal, en la que el cabeza de familia era el jefe y era responsable de todas las secciones de su organización.

- El jefe
- El Subjefe
- El *Consigliere* (consejero)
- El *Caporegime* (teniente)
- Los soldados
- Los asociados

Aunque se suponía que la estructura de la Mafia debía frenar el abuso de poder en la zona de Nueva York, Maranzano no era tan justo como profesaba ser. El aumento de poder provocó su caída final, ya que los demás líderes de la familia vieron cómo se embolsaba los beneficios de sus distritos en lugar de distribuirlos entre toda la organización. A medida que sus abusos crecían y enfurecían a los demás líderes, también aumentaba la lista de personas que querían poner una bala en su cabeza.

La muerte de Maranzano

Apenas seis meses después de que terminara la guerra y se hiciera con el control de la Mafia de Nueva York, Lucky Luciano ordenó un golpe a Maranzano por parte de un prometedor socio, llamado Meyer Lansky, que fue uno de los primeros no italianos en ascender en el escalafón, ya que había nacido en Rusia. El 10 de septiembre de 1931, cinco pistoleros vestidos de policías entraron en el despacho de Maranzano y lo apuñalaron y le mataron a tiros. Los sicarios contaron con la ayuda de un soldado de confianza de Maranzano, que se encargó de señalarles a Maranzano, ya que no sabían qué aspecto tenía.

Dato interesante: Las únicas fotos de Maranzano de las que se tiene constancia son las de la escena del crimen de su muerte. Se informó de la existencia de una foto de su rostro en los archivos policiales, pero pronto se demostró que era falsa. Maranzano era un hombre muy reservado en comparación con sus homólogos mafiosos, a los que les encantaban las oportunidades fotográficas.

Los tiradores huyeron del lugar y se encontraron con otro mafioso, llamado Vincent Coll, que asistía a una reunión con Maranzano para organizar un golpe contra Luciano y los principales miembros de su pandilla. Coll salió corriendo del edificio y evitó tanto a los policías como a los sicarios, entre los que se creía que estaban Bugsy Seigel y un joven turco llamado Bo Weinberg, que más tarde sería conocido como Dutch Schultz.

CAPÍTULO 3

LA FORMACIÓN DE LA COSA NOSTRA

Así pues, la guerra había terminado y Maranzano fue depuesto, tomando ahora las riendas Lucky Luciano. Era lo bastante listo como para saber en qué había fracasado Maranzano como jefe y por qué lo habían eliminado, así que decidió introducir cambios significativos en 1931. Aunque el término Cosa Nostra no pasaría a formar parte del lenguaje común hasta décadas más tarde, formó la Comisión, lo que significaba que las cinco familias originales crearían un puesto de director general. Este dirigente formaría parte de una junta de comisionados que tomaría las decisiones colectivamente. Eliminó el título de capo di tutti y creó un conglomerado de representantes que tenían voz y voto en las decisiones que rodeaban los negocios de la Mafia.

Se decidió que la Mafia italiana y la Cosa Nostra, cuyo nombre significaba "Nuestra cosa", no se combinarían para formar una sola organización, sino que las dos facciones funcionarían una junto a la otra. Las antiguas formas de la Mafia italiana seguirían siendo más tradicionales y mantendrían viva su herencia. Al mismo tiempo, la nueva Cosa Nostra daría paso a las nuevas ideas aportadas por Luciano y sus contemporáneos. Había un código escrito de moral, juramentos y reglas que seguir, y formar parte de la Cosa Nostra no era tarea fácil.

La Ceremonia de Iniciación

Convertirse en miembro de pleno derecho de la Cosa Nostra se conocía como "ser hecho", y debían cumplirse ciertos criterios. Cuando alguien solicitaba convertirse en recluta, se le explicaban las normas y los compromisos que debía cumplir. La Cosa Nostra era una familia para toda la vida y debía anteponerse a cualquier otra parte de la vida del recluta, y éste debía estar de guardia todas las horas de todos los días (la expresión 24/7 no se había acuñado entonces). La familia era su principal preocupación, y debían aceptar cualquier trabajo que se les encomendara, desde las tareas más mundanas hasta las más serias de la escala superior.

El Código de la Omertá

Se les informaba que el Código de la Omertá debía ser su mantra si las autoridades les interrogaban. La ley tenía su origen en Sicilia y se traducía como "hombría", que se refería a la capacidad de los hombres de verdad para resolver sus propios problemas sin ayuda de ninguna organización que representara la ley. Por ejemplo, si un gánster atacaba a otro gánster, la víctima nunca nombraría a su atacante, sin importar cuánta animosidad existiera entre ellos.

La norma tiene su origen en los primeros sicilianos, sometidos a un régimen español en el siglo XVI. Se sentían tan oprimidos y humillados por el partido gobernante que hicieron voto de permanecer unidos y luchar contra sus señores con un estricto código de silencio y ocuparse internamente de sus agravios personales. La mancha de ser etiquetado como informante era tan destructiva que se consideraba el acto más atroz posible. Los hombres debían tratar sus agravios como hombres y nunca recurrir al gobierno o a los organismos de la ley para resolverlos.

La vergüenza de hablar con las autoridades era tan grande que significaba que su alma ardería en el infierno. En la etapa de iniciación para convertirse en "ser hecho", el cabeza de familia encendía un naipe con la cara de un santo y se lo colocaba en la mano mientras se pinchaba el dedo con un alfiler para hacerlo sangrar. Eran símbolos del juramento y de su compromiso con la Cosa Nostra. Se les explicaba que, si quebrantaban los mandamientos o el Código de la Omertá, arderían en el infierno igual que el santo ardía en su mano y que su sangre representaba la lealtad ligada con sangre. Si rompían esa lealtad, su sangre sería derramada.

Las reglas de la Cosa Nostra

También conocidas como mandamientos, romper estas reglas se castigaba con la muerte, lo cual estaba grabado en piedra. A continuación, se describen de forma general estas reglas, que estaban redactadas de forma diferente según la familia gobernante, pero todas significaban lo mismo.

Quién no podía formar parte de la Costa Nostra:

- Las personas que tuvieran vínculos familiares con las fuerzas del orden
- Cualquier persona con traiciones sentimentales en la familia

Si alguien de tu familia había mostrado un comportamiento incorrecto y tú le habías apoyado, se te prohibiría la admisión en la Cosa Nostra. Por ejemplo, si tu hermano engañaba a su mujer con la de su amigo y le dejabas quedarse contigo, estaría mal visto. Tenías que cumplir el código moral incluso por asociación.

- Personas con mal comportamiento y faltos de moral

Aunque pueda parecer extraño, la Mafia y la Cosa Nostra eran organizaciones muy morales. La única diferencia era el conjunto de normas morales a las que se adherían.

La moral de la Cosa Nostra

1. **Si una parte desea asociarse con otra, debe intervenir un tercero.** Esto era una simple muestra de respeto y significaba que, cuando te acercabas a una persona o grupo poderosos, lo hacías a través de los canales correctos y nunca presumías de ser lo bastante importante como para ponerte en contacto con ellos directamente. Para convertirte en un hombre de muchos amigos, debes saber cómo conducirte.
2. **Nunca mires a las esposas de tus amigos.** Aunque se te echen encima o te prometan la tierra con una falta de venganza garantizada, nunca debes traicionar a tus hermanos. La regla principal es guardártela en los pantalones, a menos que se trate de una chica de Las Vegas o no tengas ninguna relación con el compañero de la chica. Si traicionas a tu amigo o hermano de esta forma, espera lo peor. Has sido deshonroso, y la parte herida decidirá tu destino.

3. **Nunca te dejes ver asociándote con la ley.** Incluso si tu mejor amigo de la infancia se une a la fuerza, desde ese día está muerto para ti. Esta regla trata sobre delatar y sobre cómo la Cosa Nostra odia a los que cuentan cuentos. No seas ese tipo; resuelve tus problemas como un hombre.
4. **No vayas a clubes por diversión.** La Cosa Nostra espera que sus miembros se hayan divertido en su juventud y que, a los treinta años, sean hombres de familia que usen los bares y clubes únicamente para reuniones y asuntos de negocios. Deberían seguir el camino de su vida, no salir de fiesta como locos.
5. **Nada está por encima de los asuntos de la Cosa Nostra.** Aunque tu mujer esté a punto de dar a luz o tu madre se encuentre en su lecho de muerte, debes responder a la llamada cuando sea necesario. Por supuesto, la familia es lo primero, pero la Cosa Nostra se considera tu familia definitiva, mientras que tu familia habitual pasa a un segundo plano.
6. **Respeta a las esposas y a las madres.** Este fue uno de los mayores errores de los gángsters: trataban a las mujeres como ciudadanas de segunda clase. Las mujeres relacionadas con la Mafia y la Cosa Nostra son mujeres de gran calidad con un sentido innato de quién es un hombre de verdad. Intenta jugar juegos psicológicos con estas damas y te dejarán en evidencia como a un niño pequeño. Sé un paquete completo con las damas, y consigue que se enamoren de ti y sean la pareja que te mereces.
7. **Sé respetuoso.** Si das tu palabra o fijas una cita, haz lo que debes; llega a la hora y al lugar con respeto hacia la otra parte. Faltar a

tu palabra es señal de una personalidad débil y demuestra que no respetas a los demás ni a ti mismo. Sé un hombre de palabra.

8. **Di la verdad.** Esto puede parecer extraño, pero encaja con el resto de los mandamientos. Si mientes, es señal de miedo, y decir la verdad es catártico y demuestra que eres mejor persona que otras que recurren a la mentira. Si otro miembro te pregunta algo, siendo sincero te ganarás su respeto. Cuando la ley o la policía te pregunten algo, no mientas; di que no sabes nada, que es la verdad según dicta el Código de la Omertá.
9. **No robes.** Regla sencilla: ocúpate de tus finanzas y gana dinero en lugar de quitárselo a los demás.
10. **No te involucres en actividades que no sean dignas de la Cosa Nostra.** A lo largo de las décadas, esto ha cambiado en función del comité gobernante. Los delitos relacionados con niños y ancianos siempre han ido en contra de sus estrictos códigos, y cualquiera que fuera sorprendido participando en estos delitos habría sido llevado ante la justicia. La implicación en delitos relacionados con drogas y estupefacientes depende de los dirigentes y de la época.

La Cosa Nostra fundó la noción de que incluso los hombres con los comienzos más humildes merecen la oportunidad de convertirse en un "Hombre de Honor" y ser responsables de su propio destino. El crimen organizado les daba la oportunidad de formar parte de la familia en la que se apoyaba la Cosa Nostra, pero debían conocer las consecuencias. No se podía cambiar de opinión ni marcharse en buenos términos. Esto era para toda la vida.

CAPÍTULO 4

LA ERA MANGANO

Oficialmente fue el primer jefe de la familia criminal Gambino, pero los lectores más perspicaces se habrán dado cuenta de que Frank Scalice era el jefe original de la familia Gambino. Sin embargo, Luciano pronto se dio cuenta de que no estaba a la altura del trabajo y necesitaba ser sustituido. Eligió a un hombre llamado Vincenzo Giovanni, quien había anglificado su nombre y convirtiéndose en Vincent en su solicitud de pasaporte en 1911. Se creía que había viajado a América para reunirse con su madre, Serafina, y que tenía 1.000 dólares cuando llegó al país. Su pasaporte llevaba el sello de "extranjero no inmigrante" y fue listado como Americano.

En 1912 conoció y se casó con Carolina Cusimano, y se convirtieron en los orgullosos padres de cuatro hijos nacidos antes de 1919. En junio de 1920, viajó por Europa tras su naturalización como ciudadano estadounidense y pasó por Francia y Suiza antes de llegar a Italia para establecer allí su patrimonio. Regresó a América junto al futuro jefe de la Mafia, Jow Profaci, y creó su negocio más lucrativo dirigiendo los muelles de Brooklyn.

Como la mayoría de los socios de la Mafia, usaba una fachada de legitimidad para enmascarar sus actividades delictivas. Figuraba como importador y luego como agente inmobiliario, pero sólo eran una fachada. Hay muy pocas fotos de la época de Mangano, pero algunas descripciones ayudan a hacerse una idea de este hombre poderoso. Era bajo, medía 1,70 m, tenía la cara ovalada, tez rubicunda, pelo negro y ojos marrones. Los informes también afirman que era un hombre físicamente poderoso, que tenía fama de buen compañero entre sus compatriotas.

Los movimientos de Mangano en la década de 1920 son imprecisos, y permaneció habitualmente fuera del radar. Sin embargo, se creía que sus hermanos Philip y Vincent habían establecido fuertes vínculos con la mafia y se les consideraba amigos de D'Aquila y Scalise a principios de la década. Parecían estar relacionados con los hombres que organizaron el asesinato de D'Aquila, pero esto es pura especulación. El hecho de que Mangano estuviera vinculado a estas figuras clandestinas es un claro indicio de lo poderosos que eran sus lazos.

Tras la muerte de Maranzano, el nombramiento de Frank Scalise como jefe de la familia Gambino duró unos cinco meses. La razón por la que fue degradado es un misterio, pero se especula con que Mangano se había ganado su puesto por ser un superviviente y no haber hecho enojar a Luciano durante la guerra. Scalise había hecho enojar a Luciano y sus secuaces con sus deserciones y cambios de bando durante el conflicto, mientras que Mangano permaneció neutral y leal. Fue un logro notable en una época de guerra violenta y desordenada, en la que los cadáveres ensuciaban las calles y los jóvenes turcos parecían erigirse en gobernantes.

Mangano era la mezcla perfecta de la moral anticuada de Pete el del Bigote y los ideales de los jóvenes turcos. Caía bien a todo el mundo y le consideraban un hombre de ideas progresistas, capaz de gobernar con respeto y poder sin usar el miedo para controlar a sus hombres. A los cuarenta y tres años, debió de ser un momento trascendental para Mangano ser nombrado pieza clave en la mesa de la Cosa Nostra moderna. Tenía un futuro brillante, y Luciano se aseguró de que estuviera en la posición adecuada para aprovechar al máximo su poder. Además, Mangano era siciliano y contaba con ese sello de aprobación adicional que hacía que su posición fuera aún más segura.

La única mosca en la sopa fue el nombramiento del subjefe de Mangano, Albert Anastasia, otro tipo relacionado con el puerto con un pedigrí impresionante y un estilo de trabajo totalmente opuesto al de Mangano. Anastasia era un tipo sudoroso y sucio, al que le encantaba bajar a los muelles y mezclarse con los hombres que trabajaban para él. Mangano era más distante y se presentaba como un hombre rico con las uñas limpias, al que le encantaba agasajar a su equipo con comidas caseras. ¿Cuál era su plato estrella? Por supuesto, la fortuna de los Gambino se basaba en el pescado, los muelles y el paseo marítimo, así que Vincent sólo tenía que chasquear sus dedos y tenía acceso al mejor pescado fresco de Nueva York.

Al principio, los dos hombres trabajaron bien juntos. Anastasia no tenía aspiraciones de alcanzar el puesto más alto y consideraba a Mangano un personaje que llevaba las riendas con mano firme, aunque no fuera el tipo de hombre al que Anastasia llamaría amigo. Por otra parte, a Mangano no le gustaba demasiado su subjefe, pero reconocía que era el preferido de Luciano, así que trabajaba con él a regañadientes. A medida que la relación crecía, estaba bien documentado que, físicamente, chocaban a menudo, y sus reuniones se convertían con frecuencia en sesiones de empujones que acabaron en una pelea a puñetazos al menos una vez.

Los dos eran temperamentales, que confiaban en su aspecto físico para intimidar a sus oponentes, y ambos tenían un apodo similar. Mangano era conocido como "El Verdugo", mientras que Anastasia, más joven, era el "Supremo Señor Verdugo", lo que sugería que Anastasia era más temperamental.

Estudiemos las pruebas: Se suponía que los hombres hechos nunca debían levantarse la mano unos a otros, aunque era bien sabido que lo hacían. Sin embargo, levantar la mano a un jefe de familia y no sufrir consecuencias era algo inaudito. De hecho, era una violación descarada y directa de uno de los mandamientos de la Cosa Nostra, que habría acabado con una condena de muerte para cualquier otra persona. Aun así, debido a las conexiones y la reputación de Anastasia, parecía intocable. Esto debió de poner nervioso a Mangano. ¿Cómo lidiaría con un hombre que aparentemente podía hacer lo que quisiera porque era conocido como el favorito de Luciano?

Sin embargo, en la década de 1930, con el crecimiento de la familia Gambino en los negocios ilegítimos en los muelles, Mangano colaboró estrechamente con la Asociación Internacional de Estibadores y los jefes que controlaban la costa este y el flujo de mercancías a los puertos. Mangano y Anastasia colaboraron para formar el Club Democrático de la Ciudad, responsable de una forma de democracia preferida por sus hermanos más letales, Philip y Anthony, conocidos como Tony el Duro. Este club se llamaría más tarde Asesinato S.A. (Murder Inc.) y pasaría a formar parte de la historia más violenta de la Cosa Nostra.

Murder Inc.

Mangano fue eventualmente desplazado de la asociación *Murder Inc.* o Asesinato S.A., y Louis "Lepke" Buchalter, ocupó su lugar para controlar la facción judía de la organización. Albert Anastasia era el responsable de la facción italiana y juntos dirigían el despiadado grupo de sicarios y asesinos a sueldo que eran un brazo más amplio del NCS, o Sindicato Nacional del Crimen, de *Lucky* Luciano.

A la Cosa Nostra le encantaba tener títulos para las diferentes ramas de sus operaciones y, aunque Luciano aparentemente controlaba Murder Inc., se les daba plena libertad de acción a los dos hombres principales, Anastasia y Buchalter, para operar su mortífera pandilla. Para las personas ajenas a la organización, el arreglo debía haber parecido extraño. Aunque las facciones italiana y judía tenían diferentes sicarios trabajando para ellos, los dos grupos se reunían regularmente en la tienda de dulces *Midnight Rose* en el centro de Brooklyn para discutir las órdenes recibidas del NCS. La mayoría de los objetivos eran poco conocidos, aunque sí hubo algunos asesinatos de alto perfil, y se cree que la organización fue responsable de más de mil muertes en la década en la que operó.

A los sicarios se les daba un salario semanal para asistir a las reuniones, y nunca faltaban voluntarios para los trabajos. Los tiradores organizaban un sistema de turnos para cubrir todas las horas del día y de la noche, y la tienda de dulces siempre estaba llena de sicarios esperando un trabajo.

Sicarios de Murder Inc.

Kid Twist Reles

El líder espiritual de la facción judía, Reles, era el sicario de confianza de Buchalter. Se informa que estuvo involucrado en más de ochenta asesinatos por encargo con la agencia. Antes de convertirse en miembro destacado de Murder Inc., luchó valientemente por la Mafia. Había matado a un poderoso grupo de hombres conocidos como los hermanos Shapiro, que dirigían la pandilla Brownsville Boys, y como resultado, fue nombrado el nuevo jefe. Él y su compañero, Bugsy Goldstein, recibieron algunos golpes en la guerra, pero emergieron como vencedores con una reputación de violencia.

Mostraba su gusto por lo macabro al usar un punzón de hielo en sus víctimas y emplear métodos extremos de tortura para extraer información. Sus víctimas a menudo eran enterradas vivas, para que él pudiera escuchar sus gritos de tortura mientras se alejaba de sus tumbas. Reles era un intermediario entre los jefes y los hombres en el terreno, y se le consideraba un valioso activo en la asociación. Más adelante, se volvió en contra de la Cosa Nostra y testificó contra algunos de sus socios para salvar su propia vida cuando fue implicado en un caso de asesinato. ¡Te contaremos más sobre esto en el próximo capítulo!

Harry "Pittsburgh Phil" Strauss

Antiguo miembro de los Brownsville Boys, Strauss era una figura alta y apuesta que dividía su tiempo entre la tienda de dulces y salir con mujeres. Incluso tuvo una relación con la actriz Jean Harlot durante un tiempo. Desde una edad temprana, fue un asesino dedicado, y una de sus tácticas distintivas era atar las piernas de la víctima detrás de su cabeza para que murieran asfixiadas.

Reles y Bugsy Goldstein tenían aspecto de gánsteres, pero Strauss era diferente. Era una figura imponente mientras descansaba en la tienda de dulces, esperando el próximo asesinato y la recompensa que lo acompañaba, pero su entusiasmo era genuino. Una vez que completaba un asesinato, obtenía una copia temprana del periódico del día siguiente y luego se iba de la ciudad durante un par de días. Disfrutaba leyendo los titulares y se entretenía a costa de sus exitosos asesinatos mientras se relajaba.

Mendy Weiss

Weiss era un antiguo asociado de Buchalter y se unió a él como fiel subalterno en Murder Inc. Mendy estuvo involucrado en uno de los asesinatos más notorios llevados a cabo por la asociación, el de Dutch Schultz en 1935. Schultz estaba convencido de que el actual fiscal federal, Dewey, debía ser eliminado a pesar de que los jefes de la mafia le habían dicho que no lo hiciera. Su persistencia llevó a que él y otras tres personas fueran acribilladas en la calle por Weiss y un cómplice. Weiss fue nombrado por Reles como uno de los sicarios y aparecerá en esa historia más adelante.

Luis Capone

Sin relación con el gánster de Chicago Al Capone, Louis era un veterano de Murder Inc. Dirigía un exitoso negocio de repostería cuando no estaba de turno con la asociación y estaba impresionantemente conectado con gánsteres de otras regiones. Capone era otro sicario apodado "Rele".

Happy y Dasher

Esta pareja de sicarios dirigía la facción italiana de Murder Inc. en un barrio conocido como Ocen Hill. El apodo "*Happy*" (feliz), era un irónico guiño a la verdadera naturaleza de Harry Malone, quien era un hombre feroz y gruñón como un oso. Era impredecible y su temperamento era legendario. Su compañero era Frank "*Dasher*" Abbandano y juntos se convirtieron en el dúo más mortífero que la mafia había conocido, llamado "*The Combination*" (La Combinación). Uno de sus métodos más brutales era usar un punzón de hielo en sus víctimas antes de matarlas con un cuchillo de carnicero.

Finalmente fueron condenados por el asesinato de Whitey Rudnick y sentenciados a muerte. Cumplieron su destino a manos de Ol' Sparky en la prisión de Sing en 1942. Ambos hombres fueron ejecutados el 19 de febrero.

Charles "El insecto" Workman

Otro sicario involucrado en el asesinato de Dutch Schultz tuvo un conflicto con Weiss cuando lo acusó de regresar al cuerpo de Schultz para robar el cadáver y luego perder tiempo antes de que llegaran los agentes de policía. Workman quería que su antiguo compañero enfrentara la pena de muerte por su comportamiento, pero Anastasia y Buchalter se negaron a escuchar sus pedidos. Aunque la ruptura era evidente, los dos sicarios continuaron trabajando juntos hasta el final de Murder Inc., y Workman fue uno de los dos miembros que lograron salir con vida.

Luego de *Murder Inc.*, el asesinato de Puggy Feinstein

Mientras Anastasia dirigía *Murder Inc.*, también seguía siendo el subordinado de Mangano, y ambos lograron tolerar la situación y seguir adelante con su trabajo. Había una verdadera tradición en la familia Gambino, donde Lucky y sus compañeros visitaban el hogar de Mangano y disfrutaban de comidas caseras. Al mismo tiempo, consumían abundante alcohol. Mangano continuaba controlando la actividad de apuestas y era conocido como el jefe, aunque Anastasia era el hombre preferido en la familia.

En Brooklyn, un boxeador fracasado con la nariz achatada llamado Puggy Feinstein, estaba en una espiral descendente después del fin de una relación y organizaba fiestas lujosas con muchas oportunidades para apostar. Este antiguo delincuente, que había pasado desapercibido para la Cosa Nostra, de repente comenzó a atraer la atención equivocada. No solo organizaba fiestas de apuestas, sino que también se convirtió en jugador y de repente sus deudas se acumularon y debía dinero a personajes importantes del vecindario.

En 1939, el irrespeto mostrado hacia Mangano y su familia fue tan extremo que se acercó a la junta de *Murder Inc.* con un sobre con el nombre de Feinstein y le dijo a Anastasia: "Al, tiene que desaparecer". Resultó que Mangano tenía un antiguo conflicto con Feinstein, lo que significaba que presionó por la sentencia de muerte, y más tarde la ejecución sería la razón por la que Mangano obtuvo el apodo de "El Verdugo".

Feinstein fue atraído a la casa de Rele, quien luego se convertiría en informante de la mafia, en Brooklyn, donde encontró a dos de los sicarios más viciosos en los libros de *Murder Inc.*, Straus y Goldstein, esperándolo. Mientras le clavaban un punzón de hielo en la cara, Feinstein luchó y causó graves daños en los dedos de Strauss. Enfadados porque su víctima los había herido, la pareja prolongó y aumentó el sufrimiento de su muerte al pasar una cuerda alrededor de su cuello y atarla también a sus pies, lo que significaba que cuanto más luchaba, más se estrangulaba a sí mismo.

Los dos sicarios observaron cómo la víctima indefensa se estrangulaba lentamente antes de llevar el cuerpo a un solar vacío y prenderle fuego. La policía describió el asesinato como uno de los más horribles y macabros que habían presenciado, incluso según los estándares de *Murder Inc.* Cuando Rele se convirtió en testigo protegido, relató el asesinato y quién lo había encargado, lo que finalmente implicó a los sicarios y a Mangano. Sin embargo, Vincent evitó el juicio y permaneció al frente de la familia. Después del asesinato de Feinstein y el juicio de los sicarios, Mangano se volvió más cauteloso y evitó involucrarse en cualquier delito grave.

A medida que se acercaba la década de 1940 y el mundo se enfrentaba a otra guerra mundial, la Cosa Nostra prosperaba y Luciano aprovechó la necesidad de bienes y suministros. Sus esfuerzos durante la guerra están ampliamente documentados, pero pocos relatos mencionan que tuvo que asegurarse de que la familia Mangano y su control de los muelles estuvieran de acuerdo. Trabajaron codo a codo, pero debido a que Mangano prefería menos publicidad, rara vez se le atribuía el mérito de la creación de la alianza entre las nuevas facciones estadounidenses de la Cosa Nostra y las familias italianas originales.

Después de la guerra, se necesitaba un cambio significativo en la operación y Lucky Luciano organizó una reunión entre los jefes de las principales facciones de la Cosa Nostra en el Hotel Nacional de Cuba. La agenda de la reunión incluía temas importantes, como qué hacer con Bugsy Siegel en Los Ángeles, quien retenía una gran cantidad de dinero durante la construcción del casino Flamingo controlado por la mafia. Otro tema en la agenda era el ascenso meteórico del comercio de narcóticos, que se había globalizado y era responsable de una gran parte de los ingresos de la mafia. Lucky quería reintroducir el título y el cargo de "jefe de jefes" para afianzar su posición como líder de la Cosa Nostra.

La reunión fue exitosa y todos se divirtieron, con una impresionante actuación de Frank Sinatra, uno de los favoritos de la mafia, y festividades adicionales. Los jefes acordaron que la organización necesitaba adaptarse a formas más modernas de comercio. Pensaron que Luciano era el indicado para hacerlo, a pesar de su arresto y condena en 1936, lo que significaba que dirigía la organización y lideraba desde la cárcel.

El final de los hermanos Mangano

La reunión puede haber salido bien, pero en la vida real, los años cuarenta fueron un tiempo de lealtades cambiantes, conspiraciones, puñaladas por la espalda, luchas de poder y traición. Cuando Luciano salió en libertad condicional en 1946, regresó inmediatamente a su tierra natal, Sicilia. Ya sabía que su liderazgo estaba en peligro y tanto Costello como Genovese estaban compitiendo por el puesto. Aunque no afectaron directamente a la familia Mangano, Vincent sabía que Nueva York era un lugar explosivo lleno de aspirantes a jóvenes jefes, y sintió la presión.

Vincent tenía sesenta años y sabía que su subjefe Anastasia estaba esperando para ocupar su lugar. En 1951, se encontró el cuerpo del hermano de Vincent, Philip, vestido solo con su ropa interior y una camisa con tres pequeñas heridas de bala en el cuello y las mejillas. Había habido rumores de que estaba hablando con los federales, por lo que parecía que el asesinato había sido llevado a cabo por sicarios, y la policía estaba ansiosa por hablar con Vincent.

Podían estar ansiosos, pero Vincent había desaparecido, y nadie parecía saber dónde estaba. No se necesitaba ser un genio para darse cuenta de que Vincent se había unido a su hermano en el más allá, pero nadie hablaba. Anastasia había establecido vínculos con Frank Costello, quien había tomado el puesto de Luciano como jefe de la familia, y reconocía las habilidades que aportaba a la Cosa Nostra. Costello era conocido como "El primer ministro" debido a su porte elegante y pulido. Se mezclaba con facilidad en compañía de políticos y funcionarios públicos y ganaba su confianza.

Costello solo consultaba con Anastasia y excluía a Mangano, lo que lo enfadaba. Él y su hermano podían haber estado dando señales de querer abandonar la vida de la mafia, y esto significaba que no eran de fiar. Hay informes de que Vincent buscó ayuda de sus amigos, Joe Bonanno y Joe Profaci, pero le dieron la espalda. ¿Ordenó Anastasia el asesinato de Vincent y Philip? Probablemente sí, pero solo lo habría hecho con el respaldo total del Comité.

Nunca se encontró el cuerpo de Vincent Mangano y sus asesinos nunca fueron nombrados. Sin embargo, en una interesante parte de la autobiografía de Anastasia escrita por su antiguo miembro de la alianza mafiosa, Frank DiMatteo, parte de la pandilla que controlaba la *Red Hook*, que era el territorio favorito de Anastasia, se cuenta una conversación entre él y el "Tío Joe" Bonanno sobre el asesinato de Mangano. Se afirma que, en lugar de ordenar el asesinato de Mangano, Anastasia lo llevó a cabo. Había escuchado que Mangano planeaba poner un contrato sobre él y decidió que era hora de ensuciarse las manos nuevamente solo para ver la expresión en el rostro de Vincent mientras exhalaba su último aliento.

Albert contactó a Costello y Luciano para obtener su permiso y se lo dieron de inmediato. La historia cuenta que Anastasia concertó una reunión con Vincent en un almacén abandonado en la calle Columbia para recoger algunos fondos de un negocio de apuestas local. Aparentemente (según Matteo), Vincent entró al almacén con una sonrisa en su rostro y los brazos extendidos cuando Albert le disparó en la cabeza y en el pecho. No hubo enfrentamiento ni diálogo dramático, solo un disparo limpio que mató a Mangano de inmediato. Luego, DiMatteo le preguntó a Joe por qué el cuerpo nunca se encontró, y él respondió que a nadie le importaba buscarlo porque todos pensaban que estaba escondido. Cuando le preguntaron dónde estaba el cuerpo, Joe sonrió y describió la escena. "Lo destriparon, lo arrojaron al mar y le pusieron zapatos de cemento. ¡Parecía una momia!"

CAPÍTULO 5

LA ERA ANASTASIA

El asesinato de un jefe iba en contra de todo lo que defendía el Comité, aunque hubieran dado permiso, Lucky Luciano debía mostrar que se encargaría de responsabilizar a Anastasia de los asesinatos. Existe la posibilidad de que no se haya dado ningún permiso, que es lo que opinan algunos de los demás miembros de la familia, y de que Anastasia matara a Mangano para convertirse en el jefe de la familia, infringiendo una de las reglas cardinales de la Cosa Nostra.

Se organizó una reunión y se preguntó a Anastasia por los asesinatos. Sin admitir nada, planteó que Mangano había estado tramando matarle y que cualquier atentado contra él habría estado justificado según las normas de la organización. Afirmó que, aunque lo hubiera hecho y dijera que no, era un caso claro de matar o morir. Joe Bonanno quedó al frente de la Comisión cuando quedó claro que Mangano no volvería. Aun así, el hecho era que este conocido psicópata maníaco tenía ahora un puesto en la Comisión. Anastasia fue nombrado oficialmente jefe de la familia Mangano, que pasó a ser la familia Anastasia.

Costello se enfrentaba a la presión de otras ramas de la Cosa Nostra, ya que Vito Genovese le estaba disputando el puesto, y necesitaba los matones y el apoyo que obtendría de Anastasia. Su antiguo hombre de confianza para conseguir a los matones era Willie Moretti, quien dirigía un grupo dedicado de más de cincuenta hombres, pero sufría graves síntomas de sífilis que no se había tratado y ya no estaba en posesión de sus instalaciones. Se corrió la voz de que Morelli era un lastre y había que "ponerlo a dormir" por su propio bien y el de la organización.

Supongamos que Costello estaba detrás de que Anastasia llevara a cabo el golpe contra Mangano. Eso explicaría por qué no se enfrentó a ninguna consecuencia y comenzó su reinado como jefe de la familia sin apenas resistencia. Anastasia puede haber pasado a la historia como un personaje más pintoresco en las historias de la mafia. Aun así, no fue tan eficaz como Mangano, y su nombramiento señaló la decadencia de la mafia de la vieja escuela y una era más populista y notoria para la Cosa Nostra.

Mangano vs. Anastasia

Comparar a los dos jefes nos ayudará a resaltar este hecho:

- Mangano fue jefe durante veinte años y nunca fue a prisión, mientras que Anastasia cumplió condena antes de ser ascendido y es más que probable que se enfilara hacia allí antes de ser asesinado.
- Mangano obtuvo ganancias, no titulares. La única foto suya es en la escena del crimen, una de su cadáver, pero Anastasia cortejó la atención de la prensa e hizo que la Cosa Nostra formara parte de los medios de comunicación. Le encantaba la notoriedad y, apenas convertido en jefe, ordenó el asesinato de

un "civil", lo que provocó un intenso escrutinio por parte de los medios de comunicación.

- Mangano era un jefe de no intervención y confiaba en sus subordinados para llevar a cabo el trabajo sucio, como el asesinato y la violencia, lo que aislaba su posición. Puede que no le gustara Anastasia, pero reconocía sus habilidades y puntos fuertes y hacía uso de ellos. Era la clásica persona que delegaba, sabía que su familia necesitaba que se mantuviera fuera de la cárcel y de las noticias. Anastasia disfrutaba con el lado violento del negocio y a menudo se veía implicado en los golpes, incluso cuando le nombraron jefe. Atrajo la atención de la ley y elevó el número de víctimas de asesinato durante su breve reinado.
- Mangano siguió al pie de la letra los mandamientos de la Cosa Nostra. Tenía principios y se atenía religiosamente al protocolo, mientras que Anastasia improvisaba, confiando en sus estrechos lazos con Luciano para mantenerse a salvo. Rompía regularmente las normas, delataba a sus compatriotas y echaba a la gente a los leones para salvar su pellejo.

Vincent Mangano puede haber sido olvidado en el panorama general, pero contribuyó a fortalecer la familia. Sin embargo, estamos en la época de Anastasia, y ésta es su historia.

El incidente de Murder Inc.

Hemos aludido a la caída de Murder Inc. tras la deserción de Kid Twist Reles. Éste envió a seis de sus compañeros sicarios a Ol' Sparky, en la prisión de Sing, pero cuando implicó a Albert Anastasia, no pudo subir al estrado de los testigos y cayó a su muerte mientras estaba bajo vigilancia policial. Reles estaba recluido en una habitación del segundo piso del hotel Half Moon de Coney Island, a la espera del juicio de Anastasia, cuando lo encontraron muerto bajo la ventana del hotel. Se encontraban allí unas sábanas, lo que parecía indicar que había intentado escapar, pero se especuló con que fue empujado por el agente que lo vigilaba.

Los policías que lo vigilaban fueron destituidos, y el juicio se canceló por falta de testigos. Corrió el rumor de que el detective Burns de la policía de Nueva York estaba en la nómina de la mafia y era responsable de la muerte de Reles, pero un gran jurado decidió que su muerte debía considerarse accidental. Actualmente se encuentra enterrado en Queens, y recibió el divertido apodo de "El canario que sabía cantar, pero no podía volar".

Lo que sí se supo fue que, debido a sus vínculos y conexiones, Anastasia era como el teflón; nada se le pegaba. Durante el tiempo que Reles estuvo hablando con la ley, muchos gánsteres destacados huyeron de América y regresaron a Italia, pero Albert se mantuvo desafiante hasta el final. Había construido una extensa finca en Fort Lee, Nueva Jersey, con impresionantes vistas de Nueva York, y afirmaba que era su oasis de calma en una ciudad de caos.

La casa de Anastasia en Fort Lee

Si alguna vez una casa reflejó a su propietario, Fort Lee era Anastasia a la perfección. Era una mansión llena de paredes falsas, túneles que conducían bajo el suelo y varias salas de matanza equipadas con paredes fáciles de limpiar y desagües en el suelo. Anastasia sostenía que le gustaba cazar, y que estas salas eran para "aderezar ciervos", pero la mayoría de la gente sabía que lo que ocurría allí abajo era mucho más macabro que aderezar ciervos. La seguridad de la finca era tan extrema que se decía a los gánsteres que visitaban la propiedad que se mantuvieran alejados o corrían el riesgo de perder alguna parte del cuerpo a manos de los perros que patrullaban por allí.

Dato interesante

La casa de Anastasia se ha convertido en un dolor de cabeza inmobiliario, ya que otras propiedades de la zona se han vendido por más de 18 millones de dólares. Su espeluznante mansión se vendió recientemente por algo más de cinco millones de dólares. Probablemente él se estaría riendo de que su macabra reputación hiciera tan poco atractiva la casa, setenta años después de su fallecimiento.

Anastasia recibe por fin su merecido

A medida que avanzaban los años cincuenta, la suerte de Anastasia parecía haberse acabado. En 1952, ordenó matar a un hombre por su participación en la captura del atracador de bancos Willie Sutton. Esto iba en contra de todas las normas de la Cosa Nostra y volvió a convertir a la mafia en noticia de primera plana. Las familias se unieron y expresaron su indignación, alegando que Anastasia había sobrepasado los límites una vez más. Albert también se había enemistado con Meyer Lansky, estrecho colaborador de Luciano, cuando abrió una cadena de casinos en Cuba en competencia directa con los casinos de Lansky, que llevaban años funcionando bajo la protección de la Cosa Nostra.

Este flagrante desaire llevó a Lansky y a Vito Genovese, otro hombre que no era admirador de Anastasia, a planear un complot para sustituir a Albert por Carlo Gambino, un destacado miembro que ascendía constantemente en el escalafón. Le prometió el liderazgo de la familia Anastasia si les ayudaba a deshacerse de Albert. Mientras tanto, Frank Costello había sobrevivido a un atentado contra su vida en mayo de 1957, que provocó su renuncia como jefe de la familia. El atentado era un plan de Genovese y Gambino para matar a Costello y hacerse con el control de su facción, pero le incitó a unir fuerzas con Anastasia y recuperar el poder.

Decidieron que Costello era insignificante y que se le podía permitir vivir, pero que había que eliminar a Anastasia de la ecuación. En octubre de 1957, el plan se hizo realidad cuando fue conducido por un chofer desde su casa de Fort Lee hasta su barbería preferida en el Hotel Sheraton, en el centro de Manhattan, y se sentó en su silla preferida para cortarse el pelo. Dos pistoleros enmascarados entraron en la barbería y dispararon a la espalda del aturdido jefe de la mafia. Su guardaespaldas había abandonado el lugar para dar una vuelta a la manzana, y Albert quedó vulnerable al ataque.

Los pistoleros dispararon diez balas contra el jefe de la mafia y, aunque intentó defenderse, confundió la imagen de los pistoleros en el espejo con la real y acabó estrellándose contra el cristal, lo que le causó heridas más horrendas. Los pistoleros desaparecieron en la ciudad y nunca fueron nombrados ni identificados. La tradición mafiosa se niega a nombrarlos a ellos o a las personas que ordenaron el golpe, pero el nombre de Genovese debe incluirse en una lista de posibles sospechosos.

Así que, al final, Albert había pasado por alto las señales de que había presionado demasiado a gente importante. La imagen de su cuerpo sin vida parcialmente cubierto con toallas de la barbería es un icono de la historia de la mafia y se convirtió en la imagen que definió las violentas luchas interfamiliares de los años cincuenta. Se avecinaban cambios, y la muerte de Albert marcó el final de su influencia de treinta años en la mafia. Su legado estaba a punto de dejar paso a la familia Gambino, que se convertiría en el sindicato del crimen más poderoso de la historia.

Albert Anastasia: Hechos aterradores sobre la figura criminal más terrorífica de la historia

- El ex director adjunto del FBI James Kallstrom fue el encargado de averiguar cuántos asesinatos podían relacionarse con Anastasia. Informó de que sin duda habían sido miles y posiblemente decenas de miles. La cifra exacta nunca se ha conocido y probablemente nunca se conocerá.
- Anastasia era el asesino a sueldo de la época y se ganó diversos apodos, como "Supremo Señor Verdugo", "El sombrerero loco" y "El ejército de un solo hombre", de los que estaba desmesuradamente orgulloso.
- Tenía once hermanos, ocho hombres y tres mujeres, y un año antes de la prohibición llegó a América con tres de sus hermanos ilegalmente para empezar su vida de mafiosos.
- Albert se casó con Elsa Barnet y tuvo un solo hijo llamado Anthony Jr.
- Sólo dos años después de llegar a América, Anastasia fue declarado culpable de asesinato y condenado a muerte. Pasó dos años en el corredor de la muerte antes de que se le concediera un nuevo juicio en 1922. Cuando el caso llegó a los tribunales,

los testigos de la acusación habían desaparecido misteriosamente. Albert salió libre y escapó de la sombra de la silla eléctrica.

- Al año siguiente, fue detenido por cargos relacionados con armas de fuego y pasó dos años entre rejas estableciendo una red de conexiones con destacados gánsteres.
- Anastasia fue el cerebro del plan para conseguir el indulto del encarcelado Luciano, haciendo uso de sus vínculos con los muelles para ayudar al esfuerzo bélico. También utilizó sus lazos sicilianos para ayudar al esfuerzo bélico estadounidense en Italia, lo que finalmente condujo a la libertad condicional del mafioso encarcelado.
- Cuando la investigación de Murder Inc. saltó a los titulares, decidió unirse al ejército para evitar el escándalo. Sirvió en el ejército hasta 1943 y fue recompensado por sus esfuerzos con la ciudadanía estadounidense y una baja con honores.

Un cameo del "Pequeño Rey de la Basura", Vicente Squillante

Ciertos miembros de la mafia han aparecido tanto en los medios de comunicación y se ha escrito tanto sobre ellos que sentimos que forman parte de la historia y sabemos quiénes eran y cómo actuaban. Sin embargo, la historia temprana de la vida de la mafia no estuvo tan bien documentada, y muchas historias de los primeros tiempos se basan en rumores y relatos de boca en boca sobre el funcionamiento de la Mafia y la Cosa Nostra.

Al Capone, Lucky Luciano, Albert Anastasia y otros miembros de la mafia, se han convertido en héroes populares. Aunque eran criminales y asesinos violentos, no interferían con los civiles y mantenían sus negocios dentro de la organización. ¿Es correcto usar el término héroe popular? Algunos delincuentes se han ganado una forma de respeto por parte de la gente que ve sus payasadas en las películas y disfruta en secreto de su veta rebelde, deseando tener esa emoción en su vida. Por supuesto, sabemos que estos individuos eran villanos asesinos que vivían según sus propias reglas y que lo que defendían no era moral ni justo. Aun así, con el mismo respeto, debemos reconocer que su código de honor existía, aunque repugnara a la mayoría de los ciudadanos respetuosos de la ley.

Vincent Squillante no forma parte de la historia dominante de la mafia, pero es la persona perfecta para ofrecer una instantánea de la vida del mafioso medio y de una época que nunca volverá a repetirse. Se sabía muy poco sobre las actividades del bajo mundo del crimen organizado italiano/americano antes de 1951, cuando se publicaron las Audiencias Kefauver. Se trataba de un informe de 11.000 páginas sobre la Mafia y el funcionamiento de la organización. Incluía detalles de la vida de la mafia que nunca antes se habían hecho públicos. Se informaba al público de los ganancias y negocios que la mafia llevaba a cabo en diversas ciudades y de cómo usaban narcóticos para financiar su organización. El informe fue la primera vez que se hizo público cuán relevante era el crimen organizado, y que no era solo objeto de películas y programas de televisión.

Vincent Squillante y su paso por la mafia es la típica historia de un chico nacido de padres inmigrantes pobres en los Estados Unidos y que se enfrenta a la disyuntiva de elegir entre el trabajo mal pagado y la vida en el Bronx o la aparentemente rentable vida de gánster. Ponte en su lugar, un adolescente que creció en una casa, apiñado con sus padres y al menos nueve hermanos sin perspectivas y aparentemente sin manera de escapar de su vida de pobreza. Con su diminuta estatura y su complexión delgada, al parecer sólo medía 1,70 m y pesaba menos de 50 kg, no podía conseguir trabajos físicamente exigentes, y estaba destinado a trabajar en el comercio minorista o en una fábrica. Cuando conoció al jefe mafioso Frank Scalice, debió de pensar que su suerte había cambiado, sobre todo cuando el jefe de la familia Mangano propuso y respaldó la introducción de Vincent en la mafia. Puede que no fuera el típico tipo de gánster, pero que tuviera el mismo tamaño que un jinete no significaba que no tuviera nada que aportar. Aunque no se ha confirmado su patrocinio por parte de Scalice, si es cierto, hace que lo que ocurrió después se parezca más a una tragedia griega que a un cuento de Nueva York.

Lo que le ocurrió a Squillante durante la década de 1930 no está documentado. Sin embargo, se cree que era miembro de un equipo que trabajaba en el Bronx junto a otros soldados de bajo rango, como Nanny el Geep, Pasta Fazula y Joey Sorpresa. No se sabe con qué equipo concreto trabajaba, pero parecía cercano a Rocco Mazzie y Davis Amodeo, dos de los jefes de equipo en aquella época. Algunos creen que los gánsteres de aquella época se ponían apodos para parecer más carismáticos, pero la realidad es mucho más mundana. Vivían en un mundo en el que los hombres a menudo desconocían sus nombres de pila porque no confiaban en que los demás no les delataran. Era un mundo de secretos y sombras, y tenía sentido mantener el anonimato.

Squillante atrajo por primera vez la atención de la ley a principios de los años 50, cuando fue acusado de evasión de impuestos, extorsión y delitos de drogas. Se le impuso una fuerte multa por evasión fiscal, pero se retiraron los demás cargos. En aquella época, era responsable de varias empresas de distribución, y aumentó sus impuestos para pagar sus multas, lo que no sentó bien a los miembros de su equipo. Se suponía que los miembros de la mafia siempre debían pagar lo suyo, y si eran multados, era su responsabilidad pagar, no pasar la deuda a otras personas.

Puede que la familia que ahora conocemos como los Gambino pasara por años de agitación y cambios de nombre al principio de su historia. Aun así, tenían tres fuentes constantes de ingresos legítimos: los muelles, la construcción y la basura. Vincent no era un asesino ni un mafioso violento, pero era listo y ganaba dinero para la Mafia controlando el negocio de la basura y haciendo ganar mucho dinero a la familia.

Operaba desde su oficina de Long Island City y Manhattan, donde usaba al sindicato de camioneros para hacer crecer su imperio. Colaboró con un estafador deshonesto llamado Bernie Adelstein, que dirigía el sindicato desde su creación y había establecido conexiones con la Mafia. Como secretario y tesorero del sindicato de camioneros, Adelstein colaboró con Squillante para obligar a las empresas no sindicalizadas a afiliarse al sindicato, y ambos atacaban a los operadores de basuras que no se afiliaban y los expulsaron del negocio. Pronto formaron un monopolio y usaron precios artificialmente bajos para sobrepujar a sus rivales restantes hasta que Squillante se convirtió en el Zar de la Basura o el autoproclamado Pequeño Rey de la Basura.

Una comisión del Senado le llamó a él y a Adelstein a declarar en 1958, y aunque intentaron hacerles hablar, sus esfuerzos fueron en vano. Se negaron a responder a las 120 preguntas que les lanzó el presidente, y Squillante incluso consultó a su abogado antes de admitir su nombre. La comisión interrogó a ambos sobre sus vínculos con cuatro empresas de transporte por carretera y la forma nefasta en que operaban. Llegaron a la conclusión de que era una persona poderosa en los círculos mafiosos, pero no pudieron acusarle de nada.

Por aquel entonces, Anastasia y Mangano seguían disputándose la jefatura de la familia, y en 1951, sabemos que las cosas cambiaron cuando Mangano fue asesinado por sicarios, al parecer bajo las órdenes de Albert. Anastasia era ahora el jefe, y aunque se rumoreaba que Squillante era un sicario del nuevo jefe, no hay pruebas que respalden estos hechos. Puede que Anastasia fuera un psicópata violento, pero se dio cuenta de que la mafia era un negocio, y Squillante aportó mucho dinero a la familia. Squillante estaba muy unido al jefe, pero ¿lo suficiente como para confiarle el golpe contra Frank Scalice, que era el subjefe de Anastasia?

Scalice fue el hombre que introdujo a Squillante en la mafia, pero ¿fue uno de los que mataron a este popular subjefe una calurosa tarde de junio de 1957? Scalice estaba comprando fruta en una tienda del Bronx cuando dos hombres se le acercaron en la tienda. Los testigos informan de que ambos hombres iban vestidos de forma idéntica con camisas blancas y pantalones negros, y ambos llevaban gafas de sol. Se acercaron al subjefe de la mafia y le dispararon cinco veces en el pecho, la cara y la cabeza antes de salir de la tienda, subir a un automóvil que les esperaba, desaparecer en el calor resplandeciente de la tarde y marcharse.

Era bien sabido que Scalice tenía una rutina fija, y todos los lunes almorzaba en el Bronx en el restaurante italiano de Anne y Tony, donde compartía mozzarella y pimientos asados con su hermano, Giacomo. Este último regentaba una tienda de golosinas en la zona. Después de comer, Frank paseaba por la calle y charlaba con los lugareños, deteniéndose a menudo a admirar a los bebés en sus cochecitos y hablando con hombres mayores sentados al sol. Le encantaba compartir historias de sus tiempos en la patria de antaño y a menudo se le veía pasándoles unos dólares para que comprasen sus víveres. Luego se detenía en la tienda de comestibles para comprar fruta.

La tienda era el lugar perfecto para un golpe. Al ser sencillo entrar y salir, facilitaba el trabajo de los pistoleros, y aunque una patrulla llegó al lugar en cuestión de minutos, había pocas posibilidades de captura, y los tiradores consiguieron una huida limpia. ¿Ejecutó Squillante el golpe? Probablemente no, pero habría estado al corriente e incluso podría haber organizado a los sicarios para cimentar su lugar en el entorno de Anastasia.

Squillante siguió dirigiendo su imperio de la basura y prosperó bajo el reinado de Anastasia. Siguió trabajando con Adelstein, y su hermano Nunzio también ascendió en el escalafón. La vida en la mafia le iba bien, y compartía una relación especial con Anastasia, hasta el punto de que afirmaba que el jefe mafioso le había nombrado ahijado honorario, aunque no había pruebas que respaldaran su afirmación. Lo que sí se sabía es que, a menudo, cuando Anastasia visitaba a su barbero local para cortarse el pelo,

Squillante se reunía con él, y ambos charlaban en sus respectivas sillas de barbero. Este hecho se volvería especialmente significativo para Vincent cuando, en 1957, Anastasia fue asesinado mientras se cortaba el pelo mientras Vince estaba sentado en su silla. Mientras volaban las balas, una manicurista declaró a la policía que Vince gritó: "¡Me largo de aquí!" y abandonó a su jefe a su suerte.

1957 fue un año crucial para la familia Gambino. La época de asesinatos de psicópatas y luchas sangrientas había quedado atrás, y el nuevo jefe Carlo Gambino trajo la calma a la familia. Tenía algunos cabos sueltos que atar, y Vince debió de ponerse nervioso con la llegada del nuevo jefe. Cuando fue detenido en noviembre de 1957, Squillante debió de sentirse inseguro de que su nueva familia le cubriría las espaldas como había hecho en el pasado. Se enfrentaba a graves cargos de extorsión que surgieron cuando él y sus empresas intentaron usar sus tácticas habituales para obtener un contrato de basuras para la base aérea estadounidense local. Puede que sobreviviera a las represalias familiares, pero la ley acabó por alcanzarle y fue condenado a quince años de cárcel por su participación en negocios ilegítimos.

Mientras languidecía en la cárcel, esperando el proceso de apelación, Squillante compartió celda con un espía ruso llamado Rudolf Abel, que en realidad era un inglés del noreste del país. Squillante se indignó con su compañero de celda y afirmó que su presencia era un "castigo cruel e inusual" para él y que su asociación con el espía estaba arruinando su buen nombre. Finalmente, Squillante fue puesto en libertad bajo fianza y volvió a las calles de Nueva York, donde desapareció rápidamente en septiembre de 1960. La versión oficial de la mafia era que había pasado a la clandestinidad para evitar la ley. Aun así, la mayoría de la gente reconoció que Gambino ordenó que lo mataran para impedir la posibilidad de que entregara pruebas estatales y revelara la implicación de la mafia en la industria de los residuos. La verdad era que, una vez eliminado Anastasia de la ecuación, Squillante no entraba en los planes de la familia Gambino. No podían arriesgarse a que se volviera contra ellos y se convirtiera en un informante.

Su desaparición suele formar parte de la colección de rumores que rodea a la Mafia, y algunas fuentes informan que le invitaron a una fiesta en la que se emborrachó mucho y luego le dejaron en una habitación con todas las esposas y novias de los hombres a los que había ordenado matar. Al parecer, le apuñalaron repetidamente y descuartizaron el cadáver antes de llevarlo a un lugar de descanso desconocido. Un informante de la policía dijo a los agentes que fue asesinado por un grupo de mafiosos, entre ellos su antiguo amigo Joey *Surprise*, y luego su cadáver fue compactado y arrojado al vertedero.

¿Estuvo siempre destinado el Pequeño Rey de la Basura a formar parte del vertedero del negocio que había dirigido con tanto éxito, o suena más plausible la idea de un grupo de cónyuges enojadas? Ésa es la parte fascinante de la tradición mafiosa: probablemente nunca lo sabrás, y puedes elegir qué historia creer. Squillante no era el mafioso más glamoroso, pero representa el ethos de la Mafia a través de los tiempos. Las transformaciones y las operaciones de limpieza que tienen lugar cuando se sustituye a un jefe mafioso suelen ser desordenadas y violentas. Se crean vacíos y se necesita sangre nueva para ocupar puestos de confianza, lo que significa que algunas personas caerán en desgracia ante el nuevo régimen. La lealtad sólo se recompensa cuando se otorga al líder actual; si está en el lugar equivocado, podría ser mortal.

Quizá la parte más divertida de la historia sea la indignación que mostró Squillante cuando estuvo en prisión con un presunto espía ruso. ¿Se creían los miembros de la Mafia por encima de los delincuentes normales? Parece que sí, y esa mentalidad resume la importancia que se concedían a sí mismos y que siguen concediéndose hoy en día.

CAPÍTULO 6

EL JEFE DE TODOS LOS JEFES - CARLO GAMBINO

Al llegar a la mitad de la historia de la mafia, los cambios son evidentes. Las viejas costumbres están remitiendo y la nueva Mafia/Cosa Nostra se está reagrupando y cambiando. Con la muerte de Anastasia, había llegado el momento de tratar a la organización más como un negocio que como una máquina de matar personal y concentrarse en las ganancias y no en el recuento de cadáveres. Pasó al frene entonces, Carlo Gambino, el hombre que dio a la tristemente célebre familia su nombre actual y le dio forma para convertirla en la organización que conocemos hoy.

Si alguien quisiera hacerse una idea general de Carlo Gambino, sólo tendría que ver la clásica película de mafiosos El Padrino y el personaje de Vito Corleone. De baja estatura y nariz prominente, Gambino no era el típico mafioso. Siempre se le veía con una sonrisa desarmante y un comportamiento amistoso, lo que despistaba a sus adversarios cuando se encontraban por primera vez. Incluso cuando fue detenido y le tomaron la foto de la ficha policial, una sonrisa irónica dominaba sus rasgos y daba la impresión de que era un tipo corriente y no la figura del Padrino que era.

La Reunión de Apalachin

Tras la muerte de Anastasia, Gambino se hizo cargo de la familia y le cambió el nombre. Por el contrario, Vito Genovese tomó el control de la familia del crimen Luciano tras la herida y posterior retirada de Costello. Decidió que había llegado el momento de una nueva forma de organizar las familias y de combinar los intereses de todas las facciones estadounidenses de la Cosa Nostra con otros grupos de Italia y Cuba. Organizó la Reunión de Apalachin, que tendría lugar en Nueva York, en casa del famoso mafioso Joe el Barbero, líder de la familia Buffalino. Apalachin era un pueblito tranquilo y las autoridades ya sabían que se habían producido algunas actividades sospechosas en la finca de Barbara, el año anterior.

Un policía estatal con ojos de lince había consultado los registros de 1956 y descubrió que el vehículo de Carmine "El Cigarro" Galante, había sido detenido por un asunto menor. Tras comprobar su carné, se descubrió que conducía con documentos falsos y que tenía un amplio historial delictivo en Nueva York y otros distritos de Estados Unidos. Pusieron vigilancia en la finca y se dieron cuenta de que se estaban produciendo actividades perturbadoras. Sabían que el hijo de Barbara estaba reservando habitaciones en hoteles y moteles de la zona y que había una gran actividad en la finca. Se estaban entregando grandes cantidades de carne y pescado, y se vieron algunos vehículos muy caros que pasaban por la ciudad y estacionaban en la propiedad.

Se había organizado una reunión para que las figuras más importantes de la Mafia y la Cosa Nostra se reunieran para discutir cómo se repartirían los negocios ilegítimos que dirigía el recientemente fallecido Anastasia entre las cinco familias y la posible sublevación de dos destacados capos, Aniello Dellacroce y Armand Rava. Estaban allí para discutir los lazos de apuestas y narcotráfico que la Cosa Nostra tenía con Cuba y cómo hacerlos más seguros.

La Mafia siciliana estaba en la ciudad y se alojaba en un hotel local llamado Grand Hotel, y el pueblo estaba alborotado por ver a estos tipos originales de la mafia en la somnolienta Apalachin. Los principales líderes, como Bonanno, Galante, Grafola y otros notorios jefes de la Mafia, fueron vistos en la finca y en el pueblo, lo que significaba que las autoridades sabían que algo estaba pasando. Necesitaban reunir a sus tropas para asaltar la finca. Establecieron un bloqueo en la carretera que conducía a la finca, pero uno de los últimos en llegar, una de las facciones sicilianas, descubrió el bloqueo y alertó al resto de los miembros de la Mafia que ya se encontraban en la reunión.

Más de cien hombres huyeron de la finca y cincuenta escaparon sin ser capturados, pero sesenta fueron detenidos e interrogados. Los principales cabecillas y miembros de la Comisión fueron interrogados, pero alegaron que estaban en la ciudad para visitar a Joe porque habían oído que estaba enfermo. Otros no tuvieron tanta suerte, y fueron detenidos y acusados del delito de "mentir sobre la naturaleza de una empresa del bajo mundo", una acusación que sonaba hueca incluso al más dedicado agente de la ley.

Las repercusiones de la reunión

Los miembros de la familia Gambino fueron arrestados junto a miembros de otras facciones. Entre ellos se encontraban los

Pennsylvania, Bonanno, Genovese, Lucchese, Profaci, DeCavalcante, Buffalo, Utica, Rochester, Pittsburgh y muchos otros que sintieron la presión procedente de la cúpula de las fuerzas del orden.

Carlo Gambino y cuatro de sus Caporegime fueron acusados y declarados culpables de los delitos que se les imputaban. Las sentencias oscilaron entre tres y cinco años de encarcelamiento y una multa de diez mil dólares. Las penas de prisión fueron anuladas al año siguiente en la apelación.

Aunque la reunión fue un fiasco en cuanto a reunir a la organización, fue significativa en otros aspectos. El que había sido durante mucho tiempo el jefe del FBI, J. Edgar Hoover, llevaba décadas negando la existencia de un Sindicato Nacional del Crimen y la necesidad de tomar medidas enérgicas contra la mafia y sus actividades. Ya no podía seguir ignorándolas tras la reunión de Apalachin y la cobertura de prensa que atrajo.

El programa Top Hoodlum

Hoover creó el "Programa Top Hoodlum" y juró acabar con todos los jefes de familia importantes del país. No fue el primer intento de acabar con el crimen organizado, pero sí el más publicitado. En 1933, los agentes de Chicago habían vigilado el aumento de las actividades delictivas y la existencia de más de trescientos miembros de la Mafia en su zona, y predijeron el auge de las actividades clandestinas y sus negocios ilegítimos.

John Dillinger era el nombre en boca de todos en la década de 1930, y sus violentos crímenes y la subsiguiente persecución señalaron la forma en que el bajo mundo se estaba haciendo más poderoso.

Tenía negocios ilegítimos que producían ingresos en todas las formas de negocio; incluso los negocios menos convencionales estaban sintiendo la presión. Dentistas, comerciantes e incluso fábricas se veían obligados a pagar dinero por protección, y la ley parecía impotente para detener la extorsión.

La biografía de Carlo Gambino

Nacido en 1902 en Palermo, Sicilia, Carlo estaba destinado a la vida mafiosa debido a sus lazos familiares. En aquella época, la organización era conocida como la "La Sociedad de Honor", que puede sonar respetable. Sin embargo, representaba a un puñado de delincuentes que desafiaban la ley de forma organizada, lo que dio lugar al término "crimen organizado". Mientras crecía en Italia, el líder del país, el presidente Mussolini, perseguía a los miembros más renombrados de la mafia y los echaba fuera del país. Carlo aprovechó al máximo la facción del crimen organizado en Italia y, en 1921, se convirtió en un "hombre hecho", lo que significaba que formaba parte de la organización que crecía rápidamente y se hacía más poderosa.

Puede que Carlo pareciera un adolescente normal, con su rostro apuesto y su sonrisa ganadora, pero era un asesino a sangre fría antes de cumplir los veinte años. Los detalles son imprecisos, pero era bien sabido que a nadie se le concedía el honor de "hombre hecho" sin al menos un asesinato en su haber. Carlo contaba con fuertes aliados en Italia, y su cuñado era un gánster respetado que infundía un temor con el que también se asociaría Carlo. Su hermano Paolo estaba tan comprometido como Carlo con la vida, mientras que su otro hermano, Gaspare, consiguió desvincularse de la sociedad.

Cuando la presión de las autoridades italianas resultó ser demasiado para la fraternidad criminal, Carlo se unió al éxodo a América en 1921. Desembarcó en Norfolk, Virginia, donde envió mensajes a sus familiares y consideró sus opciones. Siendo un inmigrante ilegal, se unió a su primo en Nueva York y pasó a formar parte de la sociedad mafiosa establecida que prosperaba en aquella zona. Eligió a la familia D'Aquila y les dio su lealtad. Como parte de las cinco familias, Carlo se identificó con la cultura de pandilla conocida como los "Jóvenes Turcos" y formó importantes lazos con los demás miembros del grupo.

Los Jóvenes Turcos eran un grupo de hombres judíos italianos que respetaban a la brigada de Pete el del Bigote, pero señalaban el futuro de la mafia. Frank Scalice y Vito Genovese, eran prometedores y más tarde desempeñaron papeles importantes en la organización, y Gambino era su amigo y compatriota. Formaban parte del futuro en espera y sabían que llegaría su hora.

Durante la Guerra de Castellammarese, los Jóvenes Turcos observaron cómo la vieja brigada luchaba entre sí, y las familias Masseria y Maranzano provocaron su propia destrucción. Los cadáveres se amontonaban cada vez más alto mientras por las calles de Nueva York corría la sangre de los mafiosos. La guerra fue un punto de inflexión para las facciones irlandesa y judía de la Mafia. Se dieron cuenta de que la antigua forma de pensar estaba siendo erradicada, y los mafiosos sicilianos e italianos pronto comprendieron que el futuro de la Mafia pasaba por trabajar con otras nacionalidades y ampliar el número de miembros.

Carlo formó parte del grupo de mafiosos que puso fin a la guerra y creó la nueva Comisión para asegurarse de que no volviera a ocurrir. Puede que Luciano fuera el hombre principal, pero Gambino conocía el poder del anonimato. Era una parte discreta de la organización y mantenía una imagen de hombre de familia normal con su modesta casa y su vida aparentemente normal. El nuevo sistema mafioso le convenía; su inteligencia y astucia le permitían operar múltiples negocios ilegítimos y ganar dinero sin tener que recurrir a la violencia.

Gambino dirigía bien sus actividades y gozaba del respeto de sus hombres. Prosperó durante la Segunda Guerra Mundial con sus chanchullos habituales y un exitoso negocio secundario de venta de sellos de racionamiento en el mercado negro. Carlo estaba contento con su suerte durante el reinado de Albert Anastasia y no aspiraba a convertirse en el jefe; el anonimato le convenía. Sin embargo, a finales de la década de 1950, Anastasia se convirtió en un lastre para la organización, que culminó con su golpe a un civil llamado Shuster, que rompió todas las reglas de la Cosa Nostra.

El comité y las demás familias sabían que, si Anastasia continuaba, todos se verían sometidos a un escrutinio más intenso por parte de la ley, y eso era malo para la organización. Recurrieron a Gambino como miembro leal y le pidieron que organizara un golpe contra Anastasia, y la historia de la mafia se forjó en una barbería en 1957. Gambino asumió el liderazgo de la familia y fue proclamado Padrino. Sus métodos diferían mucho de los de Anastasia, y su liderazgo condujo a la familia a una riqueza y prosperidad que no podrían haberse logrado con ningún otro jefe.

Gambino sabía que necesitaba ampliar y distribuir la influencia que su familia tenía en todo el mundo. Se expandió y aportó cientos de millones de dólares a las arcas familiares. El dinero significa poder en la Cosa Nostra, y Gambino se convirtió en uno de los jefes más poderosos y respetados del mundo. El resto de los jóvenes turcos dominaron los titulares, pero pronto cayeron en manos de la ley y, a finales de los 60, la mayoría estaban muertos o en prisión. Carlo siguió adelante a pesar de todo.

Aunque fue objeto de vigilancia por parte del FBI durante todo su reinado, nunca le inculparon de nada. Otros líderes de la Mafia se quedaron en el camino y fueron víctimas de asesinatos o detenciones, muchos organizados por Carlo, pero él siguió siendo el Padrino durante décadas. Era reservado y cuidadoso, e incluso cuando lo detuvieron en 1970, mantuvo su actitud sonriente, y tuvieron que liberarlo por falta de pruebas.

Dominic Scialo

Algunas personas subestimaron erróneamente al Padrino y pensaron que era un hombre mayor y amable. Gambino era temido y respetado por la mayoría de los miembros de la Cosa Nostra, y sabían que era esencial no hablar de más. Dominic Scialo era un miembro muy querido de la familia Colombo, de 46 años, que sufría problemas de salud mental y era un bebedor empedernido. Se le conocía como el "Rey de Coney Island", pero su reinado duró poco cuando insultó borracho a Carlo en un restaurante de Nueva York. Tuvieron que sacarlo varios matones de Gambino, mientras el Padrino permanecía tranquilo y sonreía. Dos días después, el cadáver de Scialo fue encontrado envuelto en cemento con un agujero de bala en la cabeza. El mensaje había sido enviado.

La muerte de Gambino

Tras el asesinato de Scialo en 1974, Gambino reanudó su papel de jefe de la familia durante otros dos años antes de su muerte en 1976 tras un ataque al corazón. Tuvo una muerte tranquila en su casa de Long Island y fue enterrado en un cementerio local. Fue elogiado en el New York Times como el jefe de la mafia más poderoso de todos los tiempos, que ejerció una gran influencia en los sindicatos y desempeñó un gran papel en las preocupaciones de los estibadores. Se le recordaba como una figura de aspecto amable, que se parecía más a tu tío favorito que a un asesino a sangre fría que dirigía a su familia con una vara de hierro.

Datos reales sobre Carlo Gambino

1. Cuando murió, estaba en "estado de gracia" por haber recibido la extremaunción de un sacerdote católico. Era católico romano asociado a la facción judía de la Mafia.
2. Se le conocía como un "original" por su asociación con los miembros fundadores de "La Sociedad de Honor", entre ellos Paul Castellano.
3. Cuando llegó a los Estados Unidos en el SS Vincenzo Florio, era el único pasajero a bordo y sólo comió aceitunas y bebió vino durante el mes que duró el viaje.
4. Los negocios ilegítimos de los Gambino florecieron en Chicago, Los Ángeles, Boston y muchas otras ciudades, aunque allí hubiera jefes poderosos.
5. En los años 60, los Gambino ganaban unos 500 millones de dólares anuales y dirigían treinta equipos en todo el país.

6. El hijo de Carlo, Tommy, se casó con la hija del jefe de los Gagliano, formando una poderosa alianza y amistad.
7. Cuando Lucky Luciano murió en 1962, Gambino pronunció un emotivo discurso en su funeral en Queens, Nueva York. Habló de su amistad y cercanía y lo calificó de compañero íntimo.
8. Cuando el FBI envió una furgoneta de vigilancia para que estacionara frente a su casa, Gambino siguió llevando a cabo sus negocios usando el lenguaje de señas, códigos y otras formas para evitar ser grabado.
9. Una de las conversaciones entre Gambino y sus asociados fue una serie de oraciones que contenían dos palabras, ¡ancas de rana!
10. Murió inmediatamente después de ver a los Yankees ganar el campeonato de la Liga Americana y fue enterrado junto a su esposa, que había muerto tres años antes.

CAPÍTULO 7

EL RÉGIMEN CASTELLANO

Justo antes de su muerte, Carlo Gambino nombró a su sucesor, Paul Castellano, lo que irritó al subjefe, Neil Dellacroce, y enfureció a un mafioso en ascenso, John Gotti. Castellano era una figura imponente, que parecía el típico cuñado, y los dos hombres compartían una estrecha amistad. ¿Era la elección obvia para el puesto de jefe tras la muerte de Carlo? Quizá no para algunos, pero tenía el aspecto y la experiencia necesarios.

Vida temprana de Castellano

Paul nació en 1915 en Manhattan, EEUU, y era el hijo menor de Guiseppe, miembro de la familia Mangano, que más tarde se convertiría en la familia Gambino. Pasó sus primeros años aprendiendo el oficio de carnicero y ayudando a su padre a recolectar recibos de apuestas de los negocios ilegítimos de la zona. Su hermana también ayudaba en la carnicería, pero evitaba cualquier actividad relacionada con la Mafia.

Su primer roce con la ley fue por robo. Él y dos socios atracaron una ferretería, y Paul fue atrapado mientras intentaba escapar. Sus dos asistentes escaparon, y la policía presionó a Castellano para que los nombrara y así recibir una condena reducida. Castellano se negó a hacerlo y, como guardó silencio, recibió una dura condena de tres meses por el robo. Paul se estaba ganando una reputación de lealtad y cumplimiento de sus promesas, lo que le remitía a las antiguas normas de la Cosa Nostra y al voto de mantener a salvo a la familia. Parecía una progresión natural que Paul siguiera los pasos de su padre, se convirtiera en un loco y se uniera a la familia Mangano.

Pronto llamó la atención del jefe Anastasia y se ganó el rango de caporegime, un rango bastante alto para un hombre tan joven. A medida que avanzaba el reinado de Gambino, pasó a formar parte del equipo en el que confiaba Carlo para mantener a la familia próspera y a salvo de la ley. Castellano asistió a la infame reunión de Apalachin, cuando los grandes jefes de la Mafia se reunieron para discutir cierta información y crear una nueva estructura para la organización. Castellano no consiguió escapar de la redada policial y fue detenido y acusado de "ocultar información y participar en actividades del bajo mundo" y condenado a cinco años de prisión por su participación en la reunión.

Castellano insistió en que estaba en la reunión como parte de su trabajo como presidente de la Asociación de Carniceros Aliados de Brooklyn. Como era legítimamente un carnicero calificado y estaba implicado en Dial Poultry, un negocio legal, la policía no pudo hacer valer los cargos. Le ofrecieron la libertad y el anonimato a cambio de su testimonio, pero Castellano se mantuvo firme a pesar de haber pasado un año en prisión antes de que se anulara la acusación. Ganó puntos entre los altos cargos de la organización por su firme negativa a declarar.

Se le citó diciendo: "*No importa sobre cuántas biblias pongas la mano, hay ciertas promesas que haces que son más sagradas que cualquier tribunal de justicia*", un credo que Castellano cumplió con fervor.

El Club del Concreto

Una de las ramas más rentables de los negocios de la familia Gambino era su participación en un consorcio de familias mafiosas, conocido como el Club del Concreto. Castellano se oponía firmemente al tráfico de drogas, pero estaba interesado en otra forma de polvo blanco, el hormigón. El negocio de la construcción era uno de los más lucrativos de Nueva York en los años ochenta y parecía un objetivo obvio para el interés de la mafia. Ya en los años treinta, la mafia había participado en la industria de la construcción, y las cinco familias empleaban sus tácticas habituales para obtener ingresos y controlar la ciudad. Tras la Gran Depresión, los contratistas consideraron la influencia de la mafia un "mal necesario". Reconocían que su control significaba que disponían de mano de obra y suministros para asegurarse de que podían terminar su trabajo a tiempo. La mafia tenía tal control que podía cerrar y paralizar las obras y la distribución de materiales esenciales.

En la década de 1980 se produjo una expansión de la industria de la construcción, que dio lugar a una organización más dedicada dirigida por la mafia para supervisar la filtración de los beneficios y la posibilidad de sacar aún más dinero a los contratistas y sus proveedores. Se llamaban el Club del Concreto, y Castellano era un miembro designado en representación de la familia Gambino. ¿Por qué la construcción ofrecía tantas posibilidades de ganar dinero? El sector de la construcción en Nueva York en aquella época era polifacético y conllevaba complicados requisitos legales y contratos.

Los proyectos públicos y privados implicaban a un gran número de personas, desde la colocación de los cimientos hasta la construcción, la instalación de los servicios públicos y el diseño interior, y luego la venta de la propiedad. Los contactos de la mafia ayudaban a los contratistas a cumplir los requisitos legales y, a cambio de una comisión, se aseguraban de que los proyectos se aprobaran, aunque no cumplieran las normas de construcción. Era un hecho ampliamente reconocido que los materiales utilizados en la construcción mafiosa corrían el riesgo de estar por debajo de la media e incluso de ser peligrosos, ya que los materiales que usaban eran diluidos o se sustituían por alternativas de calidad inferior. Castellano y los Gambino también utilizaban sus contactos en el sindicato de camioneros para retrasar los proyectos que no pagaban sus honorarios, a fin de garantizar unas condiciones de trabajo sin sobresaltos.

Estos proyectos eran a menudo objeto de otras formas de actividades ilegales, con los trabajadores robando materiales para ganar dinero rápido y los contratistas haciendo recortes. No pagaban sus cuotas, y esto afectaba a los fondos disponibles para contratos públicos, como carreteras, escuelas y otras partes importantes de la infraestructura de Nueva York. Mientras algunos contratistas, como Stanley Sternchos y posiblemente Donald Trump, estaban firmemente implicados con la mafia y aceptaban las comisiones extra como algo normal, otros contratistas estaban decididos a colaborar con las fuerzas del orden para acabar con el control que la mafia ejercía sobre la construcción. Aunque el FBI y Rudy Guiliani acabaron cayendo duramente sobre el Club del Concreto, Castellano ya estaba fuera de juego. Se había convertido en jefe de la familia Gambino en 1976 y tenía otros peces que freír.

1975 fue un año ajetreado para Castellano. Fue acusado de usura, pero la policía no consiguió que los cargos prosperaran y, una vez más, Paul guardó silencio sobre sus conexiones con la mafia. 1975 fue también el año en que se ganó el apodo de "el Hombre Pollo", cuando mandó matar al novio de su hija por comparar al gánster con Frank Perdue, que era el portavoz de la industria avícola. Dio el contrato a un miembro de la familia Bonanno, y Vito Borelli fue asesinado a tiros por orden suya.

Sucesión de Castellanos

Gambino había aclarado que prefería a su cuñado para el puesto principal, pero quería que su subjefe, Neil Delacroce, permaneciera en su puesto actual como subjefe de Castellano. Aunque Dellacroce asistió a la reunión de sucesión, fue encarcelado por evasión fiscal poco después y no presentó ninguna protesta formal ante la sucesión. Sin embargo, el daño ya estaba hecho, y la familia se dividió en dos facciones que apenas conseguían funcionar bajo el nuevo liderazgo.

Castellano empezó inmediatamente a cambiar la forma en que la familia Gambino dirigía el negocio y puso fin a todos los narcóticos y a cualquier delito que implicara violencia contra las mujeres. Era conservador desde el punto de vista criminal y prefería dirigir la familia como un CEO en lugar de como un jefe de la mafia e invertir en negocios legítimos. Seguía beneficiándose de las ganancias obtenidas con la usura, las apuestas y otras actividades ilegales, pero reconoció que los negocios legítimos atraerían menos la atención de la ley. A pesar de su inclinación por la legalidad, Castellano reconoció la necesidad de afirmar su liderazgo, y en 1978 tomó una decisión que dividiría aún más a la familia.

Nicky Scibetta era un alcohólico y un adicto, pero tenía importantes lazos familiares dentro de la familia Gambino. Era cuñado de Sammy "el toro" Gravano, que era una fuerza ascendente en la familia. Cuando Castellano ordenó matar a Scibetta, Gravano declaró que mataría primero a Castellano antes que aceptar el golpe. Scibetta había participado en varias peleas públicas y había insultado a la hija del importante gánster George DeCicco. DeCicco convenció a Gravano de que el golpe era legítimo y aceptó que la muerte era un castigo adecuado por las acciones de Scibetta, y entonces se llevó a cabo el contrato.

Ese mismo año, Castello decidió que tenía que acabar con un equipo de padre e hijo que le estaba causando problemas, conocido como el equipo Eppolito padre e hijo. Ambos se habían dirigido a él pidiéndole permiso para eliminar a Nino Gaggi, un capo importante de la familia muy vinculado a Roy De Meo, y favorito de Castellano, porque estaba invadiendo su territorio, intentando apoderarse de sus negocios ilegítimos. Paul le dio una respuesta vaga y le dijo que lo consideraría, pero inmediatamente advirtió a Gaggi de que ambos le estaban acechando. Gaggi y su soldado de confianza, DeMeo, asesinaron a ambos el mismo día en que el Papa llegó a la Gran Manzana.

Eppolito Jr. había sido una vergüenza para la familia y la había hecho perder miles de dólares en un negocio de drogas que salió mal. También estaba implicado en un fraude a una organización benéfica con algunos patrocinadores importantes, y a Castellano no le gustó la atención que la prensa prestó a la estafa. Después de que la familia del crimen fuera vinculada por el programa de televisión *60 Minutos*, llegó el momento de acabar definitivamente con el grupo de padre e hijo. Los dos fueron invitados a casa de un antiguo gánster, Pete Piacente, a una reunión para resolver los problemas que habían planteado. De camino al lugar, con DeMeo y Gaggi en el automóvil, Eppolito padre debió de haber tenido un presentimiento fatal e indicó a su hijo que se detuviera para usar el baño en la gasolinera local.

Cuando detuvo el *Thunderbird*, los otros dos hombres sacaron sus pistolas y dispararon a Eppolito padre e hijo en la cabeza, matándolos al instante. El caso fue investigado por un miembro de su familia, que había tomado un camino distinto y se había unido a los oficiales de policía. Louis Eppolito era un detective muy respetado en la policía de Nueva York. Se mostró filosófico ante la pérdida de sus familiares, diciendo: "Es la vida que eligieron", e intentó resolver el caso. Como en la mayoría de los golpes de la mafia, se encontró con un muro de silencio esperándole, y aunque fue a la morgue para ver los cadáveres y lavarlos, más tarde volvió a sus deberes de protector del Papa y corrió junto a su vehículo. Louis Eppolito sería más tarde el 11º policía más condecorado de la historia de NY.

En 1978, Castellano formó importantes alianzas con la facción irlandesa de la Mafia, conocida como los Westies y los Hermanos Sicilianos de Nueva Jersey, para formar un ejército de asesinos que le ayudaran a tomar el control de Nueva York y llevar a cabo sus contratos. Aunque los Hermanos Sicilianos eran conocidos por sus vínculos con el narcotráfico, Castellano reconoció su valía y convirtió a los Gambino de Cherry Hill en parte de su ejército.

Con este ejército formado, Castellano se volvió más solitario y se construyó una lujosa casa en el popular distrito de Todt Hill, en

Staten Island. Al igual que algunos de sus antiguos jefes, creía que debía tener lo mejor de lo mejor cuando se trataba de su hogar, y su casa de diecisiete habitaciones parecía la Casa Blanca y contenía una piscina olímpica. Su casa familiar parecía más la morada de una estrella de cine que la de un jefe de la mafia. Su vida reclusiva fue aún más extraña cuando inició un romance abiertamente con su ama de llaves y empleada de limpieza, Gloria, y entretenía a sus capos luciendo batas y zapatillas de seda o terciopelo.

Castellano en los años 80

Una vez más, en 1980, Castellano ordenó matar a un hombre que había abusado de su hija. Como persona orientada a la familia, se negó a permitir que el ex sicario y secuestrador Frank Amato viviera tras descubrir que se había casado con Connie, la hija de Castellano, e inmediatamente empezó a maltratarla físicamente. Llamó a su amigo de confianza Roy DeMeo para que llevara a cabo el golpe, y Amato fue asesinado, descuartizado y eliminado en el mar al estilo tradicional de la Mafia; lo enviaron a dormir con los peces.

Mientras Castellano residía en su mansión e impartía órdenes desde detrás de su puerta principal, las tropas estaban cada vez más descontentas con sus métodos. Puede que respondiera al título de "jefe de jefes". Aun así, John Gotti, antiguo socio del pasado subjefe Dellacroce, planeaba expandirse en el tráfico de estupefacientes e ir en contra de la estricta directiva de Castellano de dejar de lado la industria. Estaba en conversaciones con Roy DeMeo para establecer vínculos con otras familias y formar parte de su imperio de la droga. Aunque Castellano se estaba volviendo cada vez más solitario y codicioso, aún tenía algunos miembros leales de la familia. Cuando le llegó la noticia de la deserción de Gotti/DeMeo, decidió hacer algo al respecto.

Castellano era consciente de la falta de respeto que le profesaban algunos miembros de su familia, y envió un mensaje firmando un contrato con su antes leal sicario Roy De Meo. Gotti se enteró de que Castellano había contratado a su amigo porque quería disolver el equipo de asesinos de DeMeo y crear una reputación familiar más empresarial. A Castellano le costó encontrar a un hombre que aceptara el encargo, pues temían las represalias a las que se enfrentarían por parte del resto del equipo, pero finalmente John Gotti dio un paso al frente y aceptó el encargo de matar a su amigo y socio.

Empleó a dos miembros del equipo de DeMeo para llevar a cabo el asesinato. Joseph Testa y Anthony Senter organizaron una reunión con DeMeo en casa de Testa, supuestamente para discutir asuntos críticos relacionados con la familia. Al parecer, Testa y Senter dispararon y mataron a DeMeo y lo metieron en el maletero de su automóvil, donde fue encontrado diez días después. Algunos relatos del golpe también sitúan al sicario Richard Kuklinski en la escena, pero probablemente nunca se revelará la verdad.

Tras la muerte de DeMeo, se reveló que había estado sometido a una inmensa presión del FBI para que delatara a sus socios de la familia Gambino. Se había vuelto paranoico desde 1982 hasta su muerte en 1983 y rara vez salía de casa sin un arma de fuego. El resto de la familia intuía que se avecinaban cambios, y John Gotti, Gene Gotti y Frank DeCicco conspiraban para hacerse con el mando. Uno de los principales partidarios de John Gotti, llamado Angelo Ruggiero, y Gene Gotti fueron detenidos acusados de traficar con heroína basándose en unas cintas que el FBI había instalado en casa de Ruggiero.

Castellano se indignó y exigió oír las cintas, pero Ruggiero se negó a entregárselas. Para entonces, Castellano sabía que su control sobre la familia estaba amenazado, y también se enfrentaba a un aluvión de acusaciones del FBI. Entre marzo de 1984 y noviembre de 1985, fue acusado de varios delitos y tuvo que pagar más de 5 millones de dólares de fianza. Los cargos incluían los asesinatos de DeMeo y Eppolito y asociación ilícita, incluidas extorsión y tráfico de estupefacientes.

Mientras la familia se tambaleaba por los cargos, se produjo un hito importante cuando el popular subjefe Dellacroce falleció en diciembre de 1985. Se celebró un fastuoso velatorio en su honor, al que asistió toda la familia Gambino, con una excepción importante: Paul Castellano. Su ausencia fue el insulto definitivo a la familia Dellacroce, que quedó conmocionada por su falta de respeto. Enfureció aún más a los miembros leales de la familia al nombrar a su guardaespaldas nuevo subjefe en sustitución de Dellacroce.

Tommy Billotti, era un usurero violento e inculto, que no poseía ninguna de las habilidades requeridas por un subjefe y carecía de la delicadeza necesaria para tratar con otras familias. El movimiento se consideró un indicio de que Castellano tenía en el punto de mira a la facción Gotti de la familia e intentaría disolverla. Era bien sabido que Castellano y Bilotti desayunaban juntos regularmente en una cafetería local, y se decidió que el golpe tendría lugar allí. Mientras tanto, Sammy el toro Gravano dijo a Gotti que había concertado una reunión con Castellano y otros dos miembros principales de la familia en *Sparks Steak House* el 16 de diciembre a primera hora de la noche.

El asesinato de Castellano

Gotti reunió a un equipo y colocó a tres sicarios a la entrada del restaurante, y a otros tres más al final de la calle. Gotti esperaba para ver el asesinato en un vehículo frente al restaurante. Castellano llegó a la reunión a las 17.25, y los principales tiradores corrieron hacia él y le dispararon en la cabeza. Bilotti fue asesinado cuando salía del asiento del conductor e intentaba huir del lugar del asesinato. Gotti salió tranquilamente del vehículo en el que estaba sentado y se acercó a ver los cadáveres. Estrechó la mano del tirador, John Carneglia, que había disparado a Castellano en la cabeza.

Las repercusiones

Los tiradores del equipo DeMeo fueron detenidos y enviados a prisión de por vida mientras se celebraba el Juicio de la Comisión de la Mafia. Once de los principales jefes de la Mafia fueron juzgados por chantaje y otros delitos relacionados con la organización. La intención del FBI y del fiscal federal Rudi Giuliani era acabar con las cinco familias y golpearlas usando su implicación en la "Comisión de la Mafia" como motivo para procesarlas y enviarlas a prisión por el resto de sus vidas. Ocho de los acusados fueron condenados; siete recibieron penas de cien años y una cuantiosa multa, mientras que un capo de la familia Bonanno cumplió doce años de su condena de cuarenta antes de ser puesto en libertad en 1998. Los demás mafiosos están todos muertos; fallecieron entre rejas en diversos centros médicos del sistema federal.

Todo fue un cambio en la familia Gambino. A Castellano se le negó un funeral público católico por orden de la archidiócesis de Nueva York debido a la naturaleza de su cargo. Consideró que, en el peor de los casos, indicaría que la iglesia aprobaba las actividades de la Mafia o parecería apática a la organización. En lugar de un funeral público, Castellano fue enterrado apresuradamente en un servicio silencioso y discreto en un cementerio no sectario, con una asistencia mínima de dolientes. Un portavoz del FBI reveló que desconocían el acto y quiénes habían asistido. Aunque algunos miembros de la familia aparecieron en el cementerio, hubo un ausente notable, John Gotti.

CAPÍTULO 8

LA ERA GOTTI

John Gotti era el Don elegante, el mafioso de teflón y el hombre que por fin llevó la vida de la mafia al dominio público. Toda su personalidad gritaba gánster ostentoso y, a diferencia de algunos de sus antiguos jefes, desempeñó el papel del Padrino ante la opinión pública. Su nombre se convirtió en sinónimo de la Mafia y en una metáfora del crimen organizado. Alardeaba de su poder y pretendía ser el emperador de la Cosa Nostra, en lugar de adoptar un papel más moderado en la familia Gambino. No olvides que el Juicio de la Comisión de la Mafia fue la primera vez que gran parte del público oyó hablar del alcance de los negocios de la Mafia, y se usó el término Cosa Nostra. Cuando Gotti fue elevado a jefe de la familia Gambino, ésta contaba con veintitrés equipos activos, más de trescientos hombres hechos y más de dos mil asociados. La familia amasaba una fortuna con sus negocios y organizaciones legítimas, recaudando más de 500 millones de dólares anuales. Gotti cobraba más de diez millones de dólares al año como parte de sus ingresos como jefe de la familia. Declaró sólo cien mil dólares como ingresos de sus intereses comerciales legítimos como vendedor de fontanería y director de una empresa de prendas de vestir.

Los primeros años

Como muchos de sus predecesores, Gotti procedía de un entorno humilde del Bronx. Era el quinto hijo de trece nacidos de padres inmigrantes, John y Francis Gotti, que se ganaban la vida a duras penas en la sección Este de Nueva York. Su padre era jornalero, y aunque su madre aceptaba cualquier trabajo, apenas podía alimentar a sus hijos. Los Gotti tenían que mudarse a menudo de casa porque no podían pagar el alquiler, y marcharse a escondidas era la única forma que tenían de llegar a fin de mes.

Gotti pasó sus primeros años de vida haciendo recados para mafiosos y gángsters locales que trabajaban para Carmine Fatico, un capo que trabajó para la familia Gambino en la década de 1950 y reconoció que John Gotti era un joven prometedor. Presentó al adolescente a Aniello Dellacroce, quien luego asumiría el papel de mentor del futuro jefe del crimen. Cuando cumplió dieciséis años, Gotti dejó la escuela y formó su propia banda, llamada los Fulton-Rockaway Boys, donde conoció a un futuro gángster de los Gambino llamado Angelo Ruggerio.

La banda participó en muchos delitos menores, como robos de automóviles y allanamientos de morada, y se implicó en muchas peleas callejeras mientras perfeccionaban sus habilidades como gángsters. Evitaron cometer delitos importantes durante más de diez años, pero, inevitablemente, la ley pronto se interesó más por Gotti y su pandilla. John, su hermano Gene y Ruggerio fueron detenidos por su participación en el secuestro de un camión y el robo de un cargamento en el aeropuerto JFK. Les habían sorprendido con las manos en la masa, y los tres se declararon culpables para asegurarse de recibir la mínima condena posible.

Gotti cumplió tres años en prisión y era un gángster mucho más curtido cuando salió de entre rejas.

Fatico reconoció su aumento de experiencia y habilidades y nombró a Gotti jefe de las apuestas ilegales de la zona y capitán de la familia. Aunque dirigió bien la operación en 1974, Gotti mostró su futuro amor característico por el ojo público cuando le asignaron cometer su primer asesinato. En mayo de 1973, Gotti recibió el encargo de eliminar a un socio rival que había matado a un miembro de la familia Gambino en un bar de Staten Island. El golpe fue un desastre y el asesinato tuvo lugar a la vista de todos, lo que llevó a la identificación de Gotti por un testigo ocular. Fue detenido y acusado de homicidio involuntario y condenado a cuatro años de prisión.

La vida familiar de Gotti

John se casó con Victoria, y vivían en una casa modesta con sus cinco hijos, a diferencia de otros antiguos jefes de la mafia. Puede que atrajera la atención del público y de los medios de comunicación, pero mantuvo su vida familiar en secreto. La atención se centró en su vida privada cuando su hijo de doce años murió en un accidente de tráfico a manos de un vecino de la zona llamado John Favara. La familia se fue ostensiblemente de vacaciones a Florida para llorar su pérdida cuatro meses después, cuando Favara desapareció. Testigos declararon haber visto cómo le golpeaban en la cabeza y le metían en un camión. Nunca se le volvió a ver, y Gotti negó saber algo cerca del incidente.

Datos de Gotti

Gotti se convirtió en el don mediático y era una figura muy conocida en las calles de Nueva York. Aquí tienes algunos hechos que resumen el carácter del Don Elegante, que cortejaba la atención pública:

- Era tan consciente de su imagen pública y de su elegante forma de vestir que tenía un traje extra a mano durante su juicio en 1992 para poder cambiarse en el almuerzo.
- Había sido detenido cinco veces cuando celebró su vigésimo primer cumpleaños.
- Tras el accidente en el que se vieron implicados Favara y su hijo, la esposa de Gotti atacó al conductor con un bate de béisbol metálico.
- Frank Sinatra tenía previsto cenar con Gotti, pero fingió encontrarse mal para librarse de la cita. Gotti envió a un pesado para amenazarle y asegurarse de que supiera que Gotti no estaba contento.
- A mediados de los ochenta, evitó ser declarado culpable en tres juicios distintos, lo que le valió el apodo de Don Teflón.
- A Gotti le encantaba apostar y gastaba regularmente 30.000 dólares por noche en casinos; una noche, perdió más de 50.000 dólares en una sola partida de dados.
- Los partidarios de Castellano intentaron atentar contra Gotti tras el asesinato del jefe de los Gambino, pero fracasaron e hicieron volar por los aires a su amigo y subjefe Frank DeCicco.

- Cuando tenía catorce años, intentó robar una hormigonera, pero quedó cojo para siempre cuando una pesada pieza de maquinaria le cayó sobre la pierna.
- Los Fulton - Rockaway Boys recibieron su nombre de la calle favorita de Gotti en el barrio, la avenida Rockaway.
- Jugador empedernido, tras su detención en 1990, Gotti ofreció a la policía apuestas de 3 a 1 a que sería declarado inocente.
- Durante sus juicios, había grandes multitudes de gente fuera del tribunal.
- El hijo de Gotti fue citado diciendo que no había nada que no le gustara de su vida. Estaba 24 horas al día, 7 días a la semana, e incluso su mujer y sus hijos jugaban un papel secundario ante las calles.

El juicio de John Gotti

Por supuesto, no podía durar, y la ley acabó atrapando al extravagante jefe de la mafia. El FBI había instalado equipos de vigilancia en un apartamento situado encima de un club social que el jefe de la mafia solía frecuentar. Esta era la desventaja del estatus de figura pública de Gotti: todo el mundo sabía dónde estaba, y no ocultaba cuáles eran sus lugares sociales preferidos. En 1990, grabaron conversaciones entre Sammy el toro Gravano, Gotti y un miembro de la familia llamado Frank Locasio.

Gotti fue detenido en diciembre de 1990 y debió de confiar en que volvería a eludir la cárcel. No había contado con que los testimonios de algunos miembros de la familia Gambino saldrían a la luz y acabarían por declararle culpable. Lo más importante fue el acuerdo alcanzado con Gravano, que delató a su jefe para recibir una condena más leve. Cuando Gotti fue acusado en 1985 por la Comisión de Juicios de la Mafia, se le consideraba un matón de poca monta, que era un miembro menor de la jerarquía Gambino, pero eso cambió cuando Castellano y Bilotti fueron asesinados. Se hizo de dominio público que Gotti estaba detrás del asesinato.

Desde que ocupó su puesto como nuevo jefe, Gotti se burló de las fuerzas del orden con su descarado estatus de celebridad. Alardeaba de su posición y se burlaba de la ley, y los fiscales federales necesitaban demostrar algo. La acusación se debilitó cuando Bruce Cutler, el combativo abogado de Gotti, argumentó que las grabaciones de Gotti planeando un golpe podían malinterpretarse y que su cliente intentaba desarticular equipos de la familia en lugar de organizar un golpe contra un miembro del grupo delictivo de los Westies. Su juicio de 1990 terminó con otro veredicto de inocencia para el Don de Teflón.

En diciembre de 1990, el fiscal estadounidense acusó inmediatamente a Gotti de otra serie de cargos, como evasión de impuestos y otros delitos múltiples. Esta vez, el escenario estaba preparado para el éxito cuando los fiscales federales consiguieron apartar al abogado de Gotti del juicio. También mantuvieron la identidad del juez y del jurado en el anonimato y bajo protección policial durante todo el juicio para evitar manipulaciones por parte de miembros de la familia Gambino. ¿Sería éste el juicio que finalmente llevaría a Gotti a la cárcel y pondría fin a su reinado en la familia Gambino?

La fiscalía había aprendido de sus errores pasados y se dirigió directamente al jurado. Abordaron el hecho de que el principal testigo de la acusación era un asesino confeso, pero dijeron al jurado que eso hacía que sus pruebas fueran más convincentes y no "una rata" que intentaba conseguir una condena más leve. Escucharon varias cintas con la voz de Gotti hablando de asesinatos y otros delitos, y se le oía decir claramente: "A cualquiera que no esté de acuerdo con nosotros, lo matamos." Las pruebas seguían acumulándose contra Gotti, y el único testigo de la defensa era su abogado tributario, que había dicho al mafioso que no presentara declaraciones de la renta mientras estuviera bajo acusación formal. El juez descartó a los otros cinco testigos de la defensa por considerarlos inapropiados por razones legales, y esto enfureció al antes confiado jefe de la mafia. Perdió la calma, discutió abiertamente con el juez y se enfrentó a la amenaza de desacato y expulsión de la sala.

El abogado defensor Krieger argumentó que el caso se basaba en las mentiras de un asesino probado, pero el fiscal replicó que Gravano era el material de las pesadillas del jefe de la mafia, y por eso despotricaban contra él. Cuando el jurado se retiró, en el tribunal reinaba la esperanza de que la condena sería inminente. No tuvieron que esperar mucho; trece horas después, el jurado declaró a Gotti y a su socio Locasio culpables de todos los cargos, y dos meses más tarde fueron condenados a cadena perpetua sin libertad condicional. Mientras tanto, Gravano seguía revelando información sobre la organización. En virtud de las nuevas normas de incautación, el FBI siguió confiscando las ganancias mal habidas amasadas por la familia del crimen.

Sammy Gravano no salió indemne de sus crímenes. Fue condenado a cinco años por cargos de crimen organizado y puesto en libertad a principios de 1994 para unirse al plan de protección de testigos de Arizona. Sin embargo, la vida del crimen le llamó una vez más, y Sammy no pudo ignorar la llamada. Volvió a la vida mafiosa organizando una red de tráfico de éxtasis con miembros de su familia de sangre, que fueron detenidos junto con él y otras cuarenta personas en el año 2000. Cumplió diecisiete de los veinte años de su condena, y obtuvo la libertad en 2017. Ahora disfruta de un moderado estatus de celebridad con su podcast llamado "*Our Thing*" (Cosa Nuestra), donde sigue contando su historia.

El reinado de Junior

En 1992, con Gotti en prisión para el resto de su vida en régimen de aislamiento, jugó su última carta para la familia Gambino nombrando a su hijo John próximo jefe de los Gambino. Las demás familias del crimen se indignaron por su decisión y creyeron que el interés de los medios de comunicación por esa medida sería la ruina de la organización. Sus temores resultaron fundados, y la atención se centró en Gotti Jr. cuando el FBI lo detuvo a él y a otros treinta y siete miembros de la familia por asociación ilícita. La familia implosionó cuando se declararon culpables en masa para evitar declarar y recibir penas reducidas. Gotti Jr. fue enviado a prisión, donde permaneció meses antes de que sus partidarios reunieran el dinero necesario para cubrir su fianza.

Gotti padre no estaba contento, y despotricaba ante su hija diciendo que John hijo era un imbécil y que era culpable de dejar pruebas donde los investigadores pudieran encontrarlas. Los fiscales usaron estas cintas para demostrar la implicación de Gotti Jr. en la familia mafiosa y argumentaron que no se le debía conceder la libertad bajo fianza. La familia estaba sumida en la confusión, y el caos se desató cuando los medios de comunicación informaron de que Gotti Jr. consideraría la posibilidad de llegar a un acuerdo con la fiscalía, a pesar de que su padre se oponía al plan. El gobierno ejerció más presión congelando sus bienes y haciendo imposible que la familia pagara sus cuentas o siguiera funcionando. En un momento dado, el acusado, frustrado, pidió al juez que le enviara de nuevo a prisión para ahorrar dinero.

A medida que pasaban los años, la presión aumentaba hasta que John Jr. decidió que se declararía culpable de sus cargos, con la esperanza de poder cumplir su condena y salir de la cárcel para pasar el resto de su vida con su joven esposa y su familia. Había pasado años sin poder proporcionarles ingresos, y decidió que se lo debía a su familia, no a la familia Gambino, para ordenar sus prioridades y poner orden en su casa. Se declaró culpable de seis cargos, entre ellos extorsión y usura, y fue condenado a seis años y medio de prisión. El gobierno siguió confiscando propiedades y dinero que habían pasado a formar parte de la fortuna de la familia Gambino a través de actividades delictivas, y la organización estaba desolada por las pérdidas a las que se enfrentaba.

John Gotti padre se enfrentaba a sus propios demonios personales, y en 1998 fue operado de cáncer de cuello y cabeza. La operación hizo que su vida se prolongara hasta 2002, cuando murió en un centro penitenciario de Springfield, Missouri. Su funeral se celebró como su vida: grande, audaz y ostentoso. Una caravana de veintidós limusinas negras encabezaba la procesión. Les seguían diecinueve automóviles negros que llevaban flores y cientos de automóviles de los dolientes. Fue enterrado junto a la tumba de su hijo Frank en el cementerio de St. Johns, lugar de descanso popular para muchos miembros de la mafia.

Mientras el cortejo fúnebre se abría paso lentamente por las calles, se podía oír a muchos dolientes llorosos gritar: "Te queremos, John", a medida que se sucedían los homenajes fúnebres de gran tamaño. Aún hoy, puedes ver imágenes del funeral y homenajes a Gotti con duras advertencias de que, si publicas algún comentario negativo, habrá consecuencias.

¿Qué pasó con John Gotti Jr.?

Mientras seguía encarcelado, Junior fue acusado de otros cargos de chantaje y fue sospechoso en el complot para secuestrar a un miembro de los Ángeles de la Guarda. Habían hablado mal de Gotti padre en la radio. Durante los dos años siguientes se celebraron cuatro juicios por estos cargos, y Júnior se aferró a su historia de que había renunciado a sus conexiones con la Mafia tras su condena en 1999. En 2008 se presentaron nuevas acusaciones y cargos, y Gotti se vio en el banquillo de los acusados.

Un antiguo miembro de la familia Gambino se convirtió en testigo del Estado y declaró contra Gotti ante el tribunal, lo que provocó una pelea pública entre el traidor de la mafia, John Alite, y Gotti hijo, en la que este último le espetó a su antiguo socio: "Te mataré". La prensa se divirtió con el caos que rodeó el proceso. Finalmente, en diciembre de 2009, los doce miembros del jurado informaron de que no habían llegado a una decisión sobre los cargos, y el juez declaró el juicio nulo.

Tras el juicio, varios miembros del jurado hablaron con la prensa y declararon que todo el proceso era ridículo y una burla de la ley.

Para ser sinceros, no se podía confiar en las luchas internas ni en los testimonios de los antiguos miembros de la mafia, y todo el proceso se había convertido en un caos. El gobierno decidió que ya era suficiente y que celebrar otro juicio contra Gotti sería inútil.

Gotti Jr. declaró entonces que había abandonado la mafia y cortado todos los lazos con la familia Gambino. Pasó los años siguientes a su liberación criando tranquilamente a sus seis hijos y siendo un marido modelo para su esposa, Kimberley. Sin embargo, mostró similitudes con el personaje de su padre cuando escribió su libro *Shadow of My Father* (La sombra de mi padre), unas memorias de su época en la mafia, que luego permitió que se convirtieran en película en 2018.

La sombra de mi padre se estrenó como una película llamada *Gotti*

En la película, John Travolta interpretaba a John padre, mientras que su esposa en la vida real interpretaba a la mujer de Gotti, Victoria. Stacy Keach interpretó el papel de Dellacroce, y William DeMeo el de Sammy Gravano. La banda sonora era de Blondie, y la película recibió siete nominaciones en categorías que no eran especialmente halagüeñas. Fue aclamada como la peor película del año, con los premios al peor actor y actriz para Travolta y Preston y una nominación a los Razzie.

Junior ha expresado activamente su disgusto por la película y ha dicho que no hacía justicia a su historia, pero participó en una gira promocional de la misma. También ha llenado sus redes sociales de imágenes suyas con las dos estrellas de la película y parece deleitarse con la atención que la película le ha proporcionado. Puede que la película fuera un desastre, pero significó que el nombre de John Jr. fue catapultado una vez más a la opinión pública.

CAPÍTULO 9

GOTTI, CEFALU Y CALI

Peter Gotti formó parte de la familia Gambino desde que se tiene memoria, pero nunca mostró las cualidades necesarias para el puesto de jefe; con su hermano a pocos días de morir y Junior en prisión, dio un paso al frente y tomó las riendas en 2002. Su conducta amable y su falta de tendencias psicopáticas le dieron el poco envidiable apodo del "Don más tonto de la historia". Para ser justos con Peter, ascendió en el escalafón basándose únicamente en su nombre y nunca habría alcanzado la atención pública si no hubiera sido un Gotti.

En 2002, semanas después de aceptar formalmente el papel de jefe de la familia, Peter fue acusado de crimen organizado. Durante el juicio, el fiscal soltó una bomba que cambiaría su vida y sólo traería dolor a su familia. Llevaba más de cuarenta años felizmente casado con su mujer, Catherine, y tenían un hijo. Ante el tribunal, el fiscal reveló que había mantenido una relación amorosa con una mujer veinte años menor que él, Marjorie Alexander. Más tarde, ella haría pública una declaración de amor por el mafioso y afirmó que estaba orgullosa de su amor y que apoyaría a su hombre.

La cultura de la mafia incluía amantes y novias de mucho tiempo, pero la regla de oro seguía siendo que se mantenían en un segundo plano y nunca avergonzarían a sus familias. En cierto modo, se clasifican como un accesorio esencial en la cultura de la mafia, y la mayoría de los mafiosos tenían aventuras, pero, en este caso, la esposa de Gotti no se impresionó cuando Alexander escribió al juez sobre Peter y su carácter. Reprendió a su marido por su falta de delicadeza y dijo a la prensa que se merecía todo lo que le pasara. Gotti rompió toda comunicación con Alexander y dijo a la prensa que debería haberse callado durante el juicio. Al año siguiente, Alexander fue encontrada en la habitación de un motel de Long Island con una bolsa de plástico en la cabeza y varias notas de suicidio en el lugar del crimen. Su muerte fue declarada suicidio, y parece poco probable que la familia Gambino tuviera algo que ver con la muerte.

Gotti fue condenado a nueve años y cuatro meses por sus delitos, incluido el intento de extorsión al actor Steven Seagal. Mientras cumplía su condena, se enfrentó a otras acusaciones relacionadas con otros cargos, como conspirar para erradicar al informante de la mafia Sammy el toro Gravano. Fue condenado a otros veinticinco años de prisión, a pesar de que sus abogados argumentaron que debía ser tratado con indulgencia debido a su mala salud. Gotti estaba ciego de un ojo, padecía gota, ciática, artritis y problemas de salud mental, incluida la depresión.

Siguió siendo el jefe titular de la familia hasta la llegada de Domenico Cefalu en 2011, pero era un hombre destrozado tras perder a su amante de muchos años y divorciarse de su esposa. Era bien sabido que Cefalu era algo más que un subjefe, y era muy querido y respetado por la rama siciliana de la familia. Una serie de jefes en funciones y grupos de líderes habían sido responsables del negocio familiar desde 2002, y el nombramiento de Cefalu supuso una vuelta a las antiguas formas mafiosas de dirigir el negocio, por lo que fue bien recibido por todas las facciones de la Cosa Nostra.

Peter Gotti murió en un centro médico de Butner, Carolina del Norte, por causas naturales, y con su muerte, el nombre Gotti desapareció de los titulares y marcó el final de una era que algunos dirían que había expirado en 2002. Su hijo Peter Gotti Jr. apareció brevemente en los medios de comunicación cuando fue detenido por cargos de drogas en 2016 y se le negó un trato con el fiscal del distrito a pesar de ser su primera condena. El joven de veintitrés años recibió una condena de veinte años, que según él se basaba únicamente en su apellido.

Doménico Cefalu

Algunos informes afirman que Cefalu asumió el control oficial de la familia Gambino en 2021, pero parece poco probable que la empresa pudiera haber crecido y prosperado, sin un líder fuerte. Cefalu es un mafioso de los de antes, que cree en hacer el trabajo sin llamar la atención de la ley ni de los medios de comunicación. Al parecer, dirigió la familia desde 2011 sin aparecer en el radar de ninguna de las dos organizaciones y ha sido la mano firme en el timón del barco de los Gambino.

Primeros años de Cefalu

Cefalu nació en 1947 y era hijo de madre italiana antes de trasladarse a Estados Unidos y formar parte de la familia Gambino. Formó parte de una exitosa pandilla que se dedicaba al transporte de heroína y al contrabando de otros estupefacientes. Sirvió junto a su tío y su primo hasta que los atraparon en 1982 y cumplió seis años de prisión por su implicación. Cuando salió de la cárcel, su silencio al ser interrogado por la ley fue recompensado cuando John Gotti, el jefe en funciones, le concedió el título de "hombre hecho". Pasó a formar parte del famoso equipo Zip, dirigido por el respetado caporegime Patsy Conte, que operaba en la zona de Queens, en Nueva York.

Cuando la ley atrapó a Conte en 1992, Cefalu fue citado a declarar, pero tras responder a un par de preguntas al azar, se negó a seguir testificando. Fue condenado a dieciocho meses por desacato y enviado a prisión para cumplir su pena. A medida que avanzaba el juicio de Conte, el juez llamó repetidamente a Cefalu a declarar y se encontró con negativas; Cefalu se mantuvo firme en su lealtad y pasó los siguientes seis años entrando y saliendo de la cárcel por no abrir la boca.

Cefalu en el siglo XXI

La familia Gambino siguió evolucionando, y un hombre que emergió de las sombras fue Jackie D'Amico, que fue nombrado jefe callejero, un cargo número uno tras la era de John Gotti y su liderazgo desde la cárcel. Se dice que fue nombrado jefe en 2003, junto con Jo Coruzzo y Zeke Squitieri como sus principales asesores. En 2005, D'Amico nombró subjefe a Cefalu, y le encomendó la tarea de organizar la facción siciliana de la familia.

Operación Puente Viejo

En 2008, el FBI inició una operación para recabar información a través de un informante llamado Joe Vollaro sobre la implicación de la familia Gambino en el tráfico de drogas y el crimen organizado en Nueva York. Un miembro de la familia avisó a Corozzo de que el FBI iba a por él, por lo que huyó y se ocultó. Cefalu fue acusado de múltiples cargos relacionados con los negocios ilegítimos en torno al sector de la construcción. Cefalu organizó una red de extorsión para extraer fondos de las empresas de camiones que transportaban la suciedad de las obras.

El nombre de Puente Viejo procede de los lazos históricos entre la mafia siciliana y la de Nueva York. A algunos miembros de la facción siciliana se les había "permitido" trasladarse a los Estados Unidos para evitar las represalias de la mafia italiana, siempre que prometieran no volver a poner los pies en Sicilia. La familia Gambino había negociado acuerdos en nombre de los emigrantes italianos y los había acogido en su familia. A pesar de estas promesas, algunos de los mafiosos exiliados añoraban su tierra natal. Regresaron a Sicilia, formando importantes rutas de tráfico de drogas entre su patria y Estados Unidos, conocidas como El Puente. Estaban formando lucrativos lazos y restableciendo las rutas de la droga entre ambos países, y las autoridades tenían que actuar.

Varios miembros de la familia Gambino figuraban entre las ochenta personas acusadas. Cuando Corozzo decidió que ya no podía seguir huyendo, se reunió con la familia y se entregó. De todos los acusados estadounidenses, sólo dos se declararon inocentes; los otros sesenta se declararon culpables y cumplieron su condena en prisión.

Entre los miembros de los Gambino que recibieron las condenas más duras se encontraban:

- Frank Cali, subjefe en funciones y uno de los autoproclamados embajadores de la facción siciliana, recibió dieciséis meses por conspiración y fue puesto en libertad en junio de 2009.
- Charlie Carneglia, fue declarado culpable de cuatro asesinatos y condenado a cadena perpetua.
- Doménico Cefalu, fue condenado a dos años por extorsión y puesto en libertad en noviembre de 2009.
- Jo Corozzo, fue declarado culpable de conspiración y condenado a tres años y diez meses.
- Little Nick Corozzo, capitán de la familia Gambino, fue condenado a trece años y seis meses por un cargo de asesinato y conspiración. Quedó en libertad en marzo de 2020.
- Jackie D'Amico recibió dos años por corrupción y quedó en libertad en noviembre de 2009.
- Richard Gotti, primo de Junior Gotti, fue condenado a ocho años por intento de asesinato y puesto en libertad en 2015.

Cefalu y Cali toman el control

Desde su puesta en libertad en 2009, Domenico Cefalu se ha mantenido alejado de los focos y ha mantenido en marcha el negocio de la familia Gambino sin atraer la atención de la ley ni de los medios de comunicación. De vez en cuando aparecen historias sobre la organización, pero sus dirigentes siguen conociendo las ventajas del anonimato. Se creía que, a medida que Cefalu envejecía, compartía su puesto con su antiguo protegido Cali y empezaba a ceder las riendas por completo. Sin embargo, estos planes se hicieron añicos cuando Cali fue asesinado a tiros en 2019, lo que obligó a Cefalu a recuperar el control de la familia.

La muerte de Frank Cali

Cuando fue abatido a tiros en marzo de 2019, Cali era el primer jefe de Nueva York del que se tenía noticia que había sido asesinado desde la muerte de Paul Castellano en 1985. Las circunstancias eran inusuales para un golpe de la mafia. Cuando la policía revisó la cinta de vigilancia del tiroteo, mostraba a una camioneta golpeando deliberadamente el Cadillac de Cali y al conductor saliendo para enfrentarse al mafioso. A pesar de usar el Cadillac como escudo, el pistolero le metió diez balas a Cali y lo dejó muerto en la acera.

Tres días después, la policía detuvo a un joven llamado Anthony Comello por el asesinato. En una noticia se afirmaba que los motivos del asesinato habían sido "románticos y personales" y no estaban relacionados con el crimen organizado. Cuando comenzó el juicio, el abogado defensor de Comello dijo al tribunal que el acusado estaba profundamente implicado en el movimiento QAnon, que se había originado en 2017 y que implicaba afirmaciones falsas realizadas por un individuo llamado Q en relación con las teorías conspirativas de extrema derecha. Comello estaba convencido de que el presidente Trump le había autorizado a detener y encarcelar a Cali por sus conexiones con la mafia.

La defensa ofreció pruebas de que Comello había intentado detener a otras personas, incluido el alcalde de Nueva York, Bill de Blasio. Durante su comparecencia ante el tribunal, Comello tenía varios símbolos y citas del movimiento QAnon garabateados en la mano y los brazos y parecía errático y confuso. Tras un examen mental, se dictaminó que no era apto para ser juzgado, y fue internado en un hospital psiquiátrico donde permanece actualmente.

¿Quién está a cargo hoy?

La mayoría de las fuentes mafiosas reconocen que la familia Gambino sigue siendo la más importante de Nueva York y sigue recaudando millones de dólares con sus actividades delictivas y legítimas. ¿Quién está al mando? ¿Cefalu o un nuevo jefe? Lorenzo Mannino es un nombre que sigue apareciendo cuando se menciona a la familia Gambino, es una figura poderosa en la familia y ha formado parte del equipo de administración durante años. ¿Es ahora el jefe de la familia? Lo maravilloso de la tradición mafiosa es que, a menos que a la familia le convenga revelar la información, nunca lo sabremos con certeza. Cali probablemente estaría al mando si no hubiera caído en manos de una persona con problemas psiquiátricos, pero así fue, y las cosas tuvieron que cambiar.

Cefalu tiene ahora setenta años, y aunque no es raro que los jefes de la mafia tengan esa edad, debe de estar preparado para dar un paso atrás y retirarse, pero ¿le ha dado a Mannino el título oficial de jefe? Presta atención a él y a otros que den un paso al frente para hacerse cargo. Aunque la época de los dones ostentosos con automóviles lujosos y trajes caros ha terminado. Tras los atentados del 11 de septiembre, muchos agentes del FBI fueron reasignados al terrorismo, lejos del crimen organizado, lo que significó que la Cosa Nostra tuvo la oportunidad de reagruparse y organizarse mejor. La reducción del escrutinio de la ley, hizo que las cinco familias y otros grupos de mafiosos se reconectaran y formaran nuevas alianzas lucrativas.

CAPÍTULO 10

¿CUÁL ES LA RELEVANCIA DE LA MAFIA HOY EN DÍA?

La Edad de Oro del crimen organizado parece un acontecimiento histórico, pero ¿se debe a que todos hemos aceptado que el crimen siempre formará parte de la sociedad y que el crimen organizado no afecta al hombre de la calle? ¿Siguen interesándonos las actividades de la Mafia y conocemos a alguien que esté implicado? En este capítulo, formularemos algunas de las preguntas más pertinentes que se plantean y, a continuación, examinaremos a más personajes famosos vinculados a la Mafia.

Pregunta 1: ¿Todavía existen las cinco familias?

Todas están activas, pero en distintos grados. La muerte de Carmine Persico en 2019 significó que la familia Colombo carecería de líder. A pesar de estar encarcelado de por vida, Persico seguía dirigiendo la familia desde su celda y mantenía un comité de tres hombres para cumplir sus deseos en el exterior. Los Colombo sabían que tendrían que conformarse, pero las luchas internas y los engaños significaban que la familia tenía que tomar grandes decisiones.

Como en el pasado, las familias Gambino y Genovese son familias prominentes, pero esto significa que también son familias sometidas al escrutinio constante de la ley. Las familias Bonanno y Lucchese existen, pero actúan en la sombra. Los negocios ilegítimos son diferentes; las oportunidades online han proporcionado una forma más técnica de producir ingresos, mientras que los antiguos negocios ilegítimos siguen aportando ingresos. La principal diferencia entre las familias del pasado y las actuales es que ya no aparecen en los titulares. Ahora hay delincuentes y gánsteres más espectaculares y que acaparan más titulares para que la prensa se ocupe de ellos.

Pregunta 2: ¿Cuál es la familia más exitosa de Nueva York?

Si la pregunta hubiera sido qué familia atrae más la atención de la prensa, la respuesta sería la familia Gambino, pero entre bastidores, la familia Genovese ha seguido creciendo. Son los miembros más activos, y su jefe es un experto en asegurar sus flujos de ingresos para las generaciones venideras. Bellomo, el jefe de la familia Genovese, lleva en el poder desde 1990 y es muy respetado y consciente de que mantenerse fuera de los focos es la forma de triunfar. Ambas familias son mucho más pequeñas de lo que eran en su apogeo, pero se están adaptando a los métodos modernos para asegurar su futuro.

Pregunta 3: ¿Cuál es la familia menos exitosa?

Ya hemos hablado de la familia Colombo y de sus internas. Desgraciadamente, así ha sido desde la década de 1990, cuando sufrieron su tercera y más devastadora guerra familiar. Murieron trece personas, y decenas de sus miembros fueron detenidos y finalmente encarcelados. La familia Colombo quedó diezmada y su nombre fue desprestigiado, por lo que no consiguieron reemplazar a los soldados perdidos y sus filas fueron destripadas. Hoy en día, sólo tienen un puñado de capitanes y equipos en las calles de Nueva York que son tolerados debido a la historia.

Pregunta 4: ¿Existen familias activas fuera de Nueva York?

El equipo

Chicago fue en su día el centro de la acción de la Mafia, y las historias de Al Capone y su industria del contrabando son material de leyenda. Se les conoce como "*The Outfit*" (El equipo), y tenían un líder fuerte en Tony Accardo, que ejerció hasta su muerte en 1992. El golpe más reciente al "*Outfit*" se produjo cuando el FBI organizó una campaña denominada "Operación Secretos de Familia" para perseguir a los miembros de la operación de Chicago. En 1998, la familia Calabrese implosionó, y varios miembros delataron a sus líderes y facilitaron al FBI información sobre una serie de delitos que se remontaban a la década de 1970. Tres de sus líderes fueron condenados a cadena perpetua y ocho de sus principales hombres fueron encarcelados. Aunque los desertores y los soplones no son algo inaudito en los círculos mafiosos, el testimonio del exitoso asesino e hijo del líder Nick Calabrese, selló el destino de la organización.

De momento tienen un líder, pero tiene ochenta años y no parece tener un sucesor evidente. Chicago ya no es un destino atractivo para la mafia, aunque todavía se puede ganar dinero apostando, extorsionando y traficando con drogas.

La familia Bruno

Con base en Filadelfia, esta familia recibió el nombre de su don más famoso, Angelo Bruno. Reinó en Filadelfia durante la mayor parte de los años 60 y 70 y fue un líder sabio que trajo prosperidad y paz a la organización. Por desgracia, esto cambió en marzo de 1980, cuando Angelo recibió un disparo en la nuca mientras estaba sentado en su automóvil frente a su casa. Le sucedió Don Testa, que fue asesinado por su propio subjefe cuando uno de sus hombres detonó una bomba debajo de su automóvil justo un año después.

El siguiente jefe de la familia Bruno fue un lunático certificado, llamado Nicky Scarfo, que inauguró su reinado matando sin motivo a más de una docena de personas. Sus tropas se volvieron contra él y testificaron contra el impopular jefe a mediados de la década de 1980, lo que le valió una condena de cincuenta y cinco años, otra de catorce años y cadena perpetua por tres delitos distintos. Murió en la cárcel en 2017 por causas naturales. En la década de 1990, hubo una gran lucha por el poder en las filas de Bruno que acabó desembocando en un enfrentamiento entre un joven turco y un mafioso de la vieja escuela. John Stanfa, el joven turco, acabó siendo derrotado por el veterano conocido como *Skinny* Joey Merlino.

Puede que Merlino no tenga la personalidad y las cualidades naturales de liderazgo que mostraban otros jefes, pero ha aportado un sentido de unidad a la familia. Aunque cumple condena en prisión, sigue dirigiendo la familia con la ayuda de su leal equipo. Su equipo de confianza dirige el negocio mientras él está ausente y es leal a su jefe, al menos por ahora.

Familia Patriarca

En los círculos de la mafia y el crimen organizado, Boston siempre ha sido diferente de las organizaciones que operan en Nueva York y Chicago. La escena de Boston tiene fuertes lazos con Irlanda más que con Italia. La familia más destacada es la familia Patriarca, con sede en Rhode Island y que existe desde hace aproximadamente un siglo. Sus años de mayor éxito fueron bajo la dirección de Raymond Patriarca Sr., que mantuvo la organización equilibrada y con éxito durante décadas antes de su muerte en 1984.

Tras su muerte, su hijo Raymond se hizo cargo de la familia y demostró ser un jefe nefasto, sin ninguna de las cualidades de su padre. Se retiró, y siguió un periodo de malestar en la familia, con miembros que entregaban pruebas estatales y delataban a su equipo.

El equilibrio se restableció en 2009, cuando un destacado empresario y nombre muy respetado en Nueva Inglaterra tomó el control. Peter Limone fue una mano segura en el timón de la familia, y ésta recuperó sus antiguos territorios. Comparte la dirección con un gánster experimentado, llamado DiNunzio, y ha trasladado el negocio a Providence. Cuentan con unos cuarenta hombres en la organización y funcionan por debajo del radar a pesar de la oposición de los medios de comunicación locales. Otras familias mafiosas siguen operando, pero éstas son las principales.

Pregunta 6: ¿Cuál es la razón principal de la desaparición de la mafia?

El Código de la Omertá fue en su día el código más poderoso de la Mafia. Pasara lo que pasara, un miembro sabía que no traicionaría a su compañero mafioso ni siquiera bajo amenaza de muerte. Joe

Valachi rompió espectacularmente ese código cuando se convirtió en el primer mafioso en reconocer y confirmar la existencia de la Cosa Nostra. No se limitó a hablar al mundo de la organización. Describió todos sus secretos y rituales más preciados.

Cuando se produjo esta traición, la Mafia perdió su herramienta más poderosa. Las fuerzas del orden supieron que era posible romper el código de silencio, y se abrieron las compuertas. Aunque el Código de la Omertá sobrevivió unas décadas más, estaba dañado, pero en 1991 se rompió el dique cuando un subjefe de la familia Gambino, Sammy Gravano, se convirtió en testigo del Estado para ayudar a enviar a su jefe John Gotti a prisión. A pesar de admitir su participación en diecinueve asesinatos, Sammy "el toro" Gravano recibió una pena de prisión atenuada por su cooperación.

Pregunta 7: ¿Podría darse un resurgimiento de la mafia?

La respuesta debería ser NO. Nunca recuperarán el estatus que tenían en los embriagadores días de Luciano y Gambino. No podrían existir en el mundo acelerado en el que nos encontramos hoy. Sí, todavía hay familias en las calles de los Estados Unidos, pero son operaciones más pequeñas y no consiguen reflejar ese vínculo que formaron las cinco primeras familias y sus homólogas de la Mafia.

Pregunta 8: ¿Qué negocios han pasado de moda?

La extorsión. Los otros siguen siendo una fuente de ingresos; apostar y el vicio, junto con los estupefacientes, siempre existirán, pero la extorsión y la protección son definitivamente de la vieja escuela. La tecnología moderna significa que las pandillas que aún intentan intimidar a la gente tienen más posibilidades de ser descubiertas con las mejoras modernas de vigilancia. Hay menos posibilidades de salir impune de un asesinato en los tiempos modernos, y la Mafia actual rara vez recurre a los antiguos golpes y asesinatos.

Pregunta 9: ¿Qué negocios siguen siendo rentables?

La usura sigue siendo la base principal de la mayoría de las finanzas de la Mafia. La gente siempre necesita dinero, y los mafiosos disponen de una gran cantidad. Cobran intereses exorbitantes, pero para algunas personas son la única opción. Otros negocios ilegítimos atraen más a la ley, pero la gente desesperada se calla porque la Mafia ofrece un servicio que necesitan, sin importar las consecuencias.

Pregunta 10: ¿Alguien querría unirse a la mafia hoy en día?

Sí, porque los jóvenes siguen reconociendo el prestigio de ser un gángster y, a pesar de la cruda realidad de la vida, siguen buscando ser el próximo Padrino. La promesa de ganar dinero rápido y el estatus que pueden tener, supera con creces la probabilidad de ir a la cárcel o morir prematuramente. ¿Puedes hacerte rico y poderoso? Sí, pero tiene un precio.

Pregunta 11: ¿Tiene la mafia alguna influencia en la política?

La respuesta sencilla es un rotundo NO. Menos mal que ya pasaron aquellos días en que los jefes de la mafia se codeaban con los políticos, y las historias de que la CIA reclutó a sicarios de la Mafia para acabar con Castro y JFK son cosa del pasado.

Pregunta 12: ¿La estructura creada por Lucky Luciano sigue funcionando?

Sí. La mayoría de las familias tienen las mismas estructuras, con un jefe y subjefes y el nivel de capo por debajo de ellos. Hay menos asociados y el número de "hombres hechos" ha disminuido, pero siguen existiendo.

Personajes famosos y sus lazos con la mafia

Puede que la Mafia haya perdido sus conexiones con el mundo político, pero sigue cortejando a ciertos famosos. He aquí un par de personajes famosos que se sintieron atraídos por el peligro, el prestigio y la pura emoción de mezclarse con la Mafia.

Elizabeth Hurley se relacionó con la Familia Colombo

Puede que esta actriz inglesa esté intrínsecamente ligada a Hugh Grant, pero estuvo un tiempo con un matón de la familia Colombo, Donnie Shacks, aunque éste fue encarcelado por su participación en un negocio ilegítimo en Nueva York. La extraña pareja (ella tenía treinta y cinco años y él sesenta y siete) fue vista besuqueándose en un restaurante de Beverly Hills. ¿Se trataba de un romance o de una astuta maniobra de Hurley para financiar una película? ¿Quién sabe?

Wayne Newton relacionado con la familia Gambino

Se dice que este cantante de gran éxito estaba relacionado con la mafia después de confesar que tenía varios amigos en la familia. Afirmó que estas amistades surgieron a través de sus actuaciones en Las Vegas y que eran totalmente inocentes. Más tarde demandó a la

NBC por un artículo que afirmaba que era un testaferro de la familia y ganó una indemnización no revelada.

James Caan relacionado con la familia Columbo

Cuando miras al reparto de la película *El Padrino*, puedes tener la tentación de pensar que Pacino o Brando podrían tener vínculos con la mafia. ¿Al Pacino y la mafia? Tal vez, pero te equivocarías. James Caan ha mostrado repetida y muy públicamente su apoyo a la familia Colombo e incluso se ofreció a pagar la fianza de Andy Mush, el jefe callejero de la familia, cuando fue detenido en 2009.

La relación se remonta a principios de los años setenta, y se rumorea que, cuando estaba en el rodaje de El Padrino, Caan se ofendió con el actor Joe Pesci por una factura de hotel y usó sus conexiones con la mafia para que alguien le diera una paliza para mostrar su descontento. Aunque las demás pruebas pueden ser circunstanciales, hay una parte condenatoria en esta historia. El Mush es el PADRINO REAL del hijo de Caan, Scott.

Steven Seagal está relacionado con la familia Gambino

Seagal no es el mejor actor de artes marciales del negocio, pero tenía vínculos bastante peligrosos con la mafia, aunque él no se diera cuenta en su momento. Su socio en el negocio, Julius Nasso, estaba enredado con la familia Gambino y no se lo dijo, ya que era una gallina de los huevos de oro. Cuando Seagal se iluminó espiritualmente y decidió buscar otras formas de ganar dinero, la mafia reaccionó mal. Sus películas pueden ser basura, pero hicieron ganar mucho dinero a la familia Gambino. Intentaron obligar al actor a volver a su género de películas violentas, y esto le llevó a enfrentarse a Peter Gotti y a enviarle a él y a otros gángsters a la cárcel.

Por desgracia para el resto de nosotros, Seagal no tardó en darse cuenta de que no tenía otra opción para ganar dinero, y las malas películas violentas siguieron haciéndose.

Marilyn Monroe y Joe DiMaggio asociados con la familia Gambino

La pareja poderosa de los años cincuenta y principios de los sesenta, estos dos aparecieron regularmente en los titulares por su turbulenta relación y su relación con el presidente JFK y los vínculos con la mafia. Al parecer, Marilyn pasó su última noche en compañía del gángster Sam Giancana, quien la presionó para que mantuviera en secreto su relación con Kennedy.

Joe DiMaggio también tenía vínculos con la familia Gambino a través de su familia, y algunas teorías conspirativas lo relacionaban con la muerte de JFK. Los informes sugieren que usó sus conexiones con la mafia para matar al Presidente, creyendo que él era la razón de que su amada Marilyn estuviera muerta.

Frank Sinatra asociado con todos ellos

El chico del póster de la relación entre la mafia y los famosos, Ol' Blue Eyes, era amigo íntimo de muchos gángsters nefastos y se le veía regularmente en su compañía. El tío de Sinatra estaba muy implicado con la Cosa Nostra, y a Frank le encantaba comerciar con su notoriedad.

Donald Trump está relacionado con la familia Genovese

Mucho antes de la era política, Trump estaba muy implicado en el sector inmobiliario y tuvo especial éxito en el desarrollo de casinos en Atlantic City. Los informes de que usaba sus vínculos con la mafia para comprar terrenos baratos y eludir las leyes laborales fueron abundantes. Al parecer, se le vio manteniendo reuniones con el gran jefe de la familia Genovese, Tony Salerno, para asegurarse de que su imperio seguiría prosperando cuando se trasladara a Nueva York.

CONCLUSIÓN

¿Será la Mafia siempre parte de nuestras vidas, o desaparecerá en los anales de la historia? Quién sabe, quizá en la época de los bandoleros, algunos creían que existirían para siempre. Lo que es evidente es que la naturaleza humana siempre tendrá el deseo de ganar dinero rápidamente y sin consecuencias. El crimen organizado está plagado de muertes violentas, desapariciones y horripilantes historias de tortura, pero esta vida sigue atrayendo a algunos jóvenes, pues creen que el glamour y las riquezas merecen el riesgo de morir o ser encarcelado. Los reality shows y los podcasts también están atrayendo a antiguos gánsteres y miembros de la mafia y ofreciéndoles una forma de recuperar su antigua notoriedad y estatus. ¿Deberíamos fomentar esto? ¿Es inmoral que antiguos delincuentes sean famosos por sus actividades? Una vez más, la naturaleza humana hace que a menudo nos fascinen las vidas de personas que han seguido un camino distinto al nuestro.

La vida de la mafia está llena de cuentos chinos, grandes personalidades y relatos de actividades tan inverosímiles que parecen ficticias. Por supuesto, sabemos que son reales, pero como la mayoría de nosotros no tendrá que enfrentarse a las consecuencias, disfrutamos de las historias antes de volver a nuestras vidas ordinarias. Sin embargo para algunos, los efectos de la Mafia y la mafia en sí misma han sido devastadores, por lo que debemos recordarlo.

REFERENCIAS

"20 preguntas sobre la mafia | Bateadores de la mafia". Mafiahitters.com, mafiahitters.com/20-questions-about-the-mafia/.

"Familias mafiosas activas en los Estados Unidos (2021) | Mafia Hitters." Mafiahitters.com, mafiahitters.com/active-mafia-families-in-the-united-states/.

Bertram, Colin. "La vida y la muerte de John Gotti". Biografía, 21 de junio de 2019, www.biography.com/news/john-Gotti-ae-documentary-Gotti-godfather-son.

Cartera de billetera criptográfica: solo otro sitio de WordPress. www.loginstep.co/.

Cuchillero, Nick. "30 hechos interesantes y extraños sobre Carlo Gambino". Tons of Facts, 8 de diciembre de 2018, tonsoffacts.com/30-interesting-and-bizarre-facts-about-Carlo-Gambino/.

---. "30 hechos aterradores y extraños sobre Albert Anastasia". Tons of Facts, 29 de noviembre de 2018, tonsoffacts.com/30-terrifying-and-bizarre-facts-about-Albert-Anastasia/.

https://www.facebook.com/AmericanMafiaHistory. "Ignazio Lupo - Implicado en los asesinatos de barril de principios de 1900 -

Historia de la mafia estadounidense". American Mafia History, 27 de abril de 2014, americanmafiahistory.com/ignazio-Lupo/.

https://www.facebook.com/StrengthBySonny. "La Cosa Nostra: Las 10 leyes de la mafia siciliana (y cómo se aplican a ti) • Fuerza de Sonny". Strength by Sonny, 2 de septiembre de 2014, strengthbysonny.com/2014/09/02/la-Cosa-nostra/.

"¿Domenico Cefalú sigue siendo el jefe de la familia criminal Gambino?" About the Mafia, 22 de enero de 2020, aboutthemafia.com/is-Domenico-Cefalu-still-the-boss-of-the-gambino-crime-family/.

ISIS. "El Centro Gotham para la Historia de la Ciudad de Nueva York". The Gotham Center for New York City History, 17 de octubre de 2019, www.gothamcenter.org/blog/material-politics-of-new-york-from-the-mafias-concrete-club-to-isis.

Joe Aiello - la mafia americana. 28 de marzo de 2020, www.onewal.com/joe-aiello/.

"Juicio de John Gotti: 1992 | Encyclopedia.com." Www.encyclopedia.com, www.encyclopedia.com/law/law-magazines/john-Gotti-trial-1992.

Kuroski, Juan. "El mafioso Albert Anastasia hizo una fortuna en asesinatos, y luego perdió en su propio juego". All That's Interesting (Todo eso es interesante), 20 de febrero de 2018, allthatsinteresting.com/albert-anastasia.

Mead, Wendy. "La verdad sobre el jefe del crimen, Paul Castellano". Grunge.com, 6 de mayo de 2021, www.grunge.com/402776/the-truth-about-crime-boss-paul-castellano/.

Mir, Michele "Big Mike" y un: Genovese Crime Family Consigliere-The Members Only Podcast dice. "Vincent "el verdugo" Mangano: El jefe original de la familia criminal Gambino | the Members Only Podcast." Membersonlypodcast.com, 8 de enero de 2022, membersonlypodcast.com/vincent-mangano-the-original-gambino-crime-family-boss/.

"Salvatore "Toto" D'Aquila - Primer Jefe de la Familia Gambino." American Mafia History, 24 de marzo de 2014, americanmafiahistory.com/salvatore-toto-daquila/.

"Stefano "The Undertaker" Magaddino". American Mafia History, 1 de junio de 2020, americanmafiahistory.com/stefano-the-undertaker-magaddino/.

Sutton, J. "La mafia italiana y la formación de la Cosa Nostra". Criminal Behaviors, 30 de enero de 2022, www.criminalbehaviours.com/post/the-Italian-mafia-the-formation-of-cosa-nostra.

"The Black Hand - GangRule". Gangrule.com, 2019, www.gangrule.com/gangs/the-black-hand.

"Las cinco familias". La mafia de Nueva York, thenewyorkmafia.com/five-families-new-york-mafia/.

"The List of Murder Inc Hitmen." Mafiahitters.com, mafiahitters.com/who-were-the-murder-inc-shooters/.

"El pequeño rey de la basura: el mafioso de Nueva York Vincent Squillante". Gangsters Inc. - Www.gangstersinc.org, 3 de octubre de 2021, gangstersinc.org/blog/the-little-king-of-garbage-new-york-mobster-vincent-squillante.

"La verdadera verdad detrás de Apalachin y el programa Top Hoodlum - el NCS". National Crime Syndicate, 16 de abril de 2020, www.nationalcrimesyndicate.com/the-real-truth-behind-apalachin-the-top-hoodlum-program/.

"¿Quién era Carlo Gambino? Todo lo que necesitas saber". Www.thefamouspeople.com, www.thefamouspeople.com/profiles/carlo-gambino-8923.php.

"¿Quién fue Paul Castellano? Todo lo que necesitas saber". Www.thefamouspeople.com, www.thefamouspeople.com/profiles/paul-castellano-3396.php.

Wil Fulton. "11 celebridades que no conocías tenían vínculos con la mafia". Thrillist, Thrillist, 31 de julio de 2015, www.thrillist.com/culture/famous-people-connected-to-the-mob-what-celebrities-are-in-the-mafia-frank-sinatra-mob-ties.

Milton Keynes UK
Ingram Content Group UK Ltd.
UKHW020738190124
436321UK00015B/750